广西壮族自治区"十四五"职业教育规划教材
国家中等职业教育改革发展示范学校校企合作教材
教学工作页一体化教材

智能仓储设备认知与操作

主　编：张　妍　杨宇清

副主编：陈　璐　庞丽艳　张群艳

中国财富出版社有限公司

图书在版编目（CIP）数据

智能仓储设备认知与操作 / 张妍，杨宇清主编 . —北京：中国财富出版社有限公司，2023. 12

（广西壮族自治区"十四五"职业教育规划教材）

ISBN 978 - 7 - 5047 - 7694 - 5

Ⅰ . ①智… Ⅱ . ①张… ②杨… Ⅲ . ①仓库管理—设备管理—中等专业学校—教材 Ⅳ . ①F253

中国版本图书馆 CIP 数据核字（2022）第 064959 号

策划编辑	黄正丽	责任编辑	徐　妍	版权编辑	李　洋
责任印制	尚立业	责任校对	杨小静	责任发行	敬　东

出版发行	中国财富出版社有限公司		
社　　址	北京市丰台区南四环西路 188 号 5 区 20 楼	邮政编码	100070
电　　话	010 - 52227588 转 2098（发行部）	010 - 52227588 转 321（总编室）	
	010 - 52227566（24 小时读者服务）	010 - 52227588 转 305（质检部）	
网　　址	http：//www.cfpress.com.cn	排　　版	宝蕾元
经　　销	新华书店	印　　刷	北京九州迅驰传媒文化有限公司
书　　号	ISBN 978 - 7 - 5047 - 7694 - 5/F · 3426		
开　　本	787mm×1092mm　1/16	版　　次	2023 年 12 月第 1 版
印　　张	13.75	印　　次	2023 年 12 月第 1 次印刷
字　　数	301 千字	定　　价	52.00 元

前　言

近年来，随着物流与互联网等技术的深化融合，特别是大数据、云计算、人工智能、区块链等新技术加快推广应用，智慧物流步入快速发展阶段。而智慧物流的发展也对物流人才提出了新的需求，在智慧物流中，传统的人为经验决策正逐步被机器替代，因此迫切需要培养出能够胜任智慧物流岗位、具备数字化能力以及熟悉物流操作管理的复合型人才。

为响应物流产业升级对人才的需求，广西交通运输学校教学团队联合北京络捷斯特科技发展股份有限公司专家团队，以校企"双元"合作的方式开发此新形态教材，其创新之处在于以下几个方面。

（1）教材内容采用模块化结构，以任务为驱动，突出理论和实践相结合，并将物流产业发展的新技术、新工艺、新规范纳入教材内容，充分反映了物流产业的最新进展。

（2）为提高学生动手操作能力，本教材在编写时重点考虑引导学生主动学习，每个项目包括若干实训任务，以实训内容为中心，从任务目标、任务描述、任务实施、评价反馈、知识链接等环节展开，尤其在任务实施部分，以问题引导的方式，由浅入深，引导学生自主完成实训内容。

（3）教材内容通俗易懂，图文并茂，并以二维码的方式融入相关视频与案例，学生可以扫描二维码观看相应资源，自主学习。

本书由6个项目、19个任务组成，具体包括智能仓储设备概述、智能存储设备、智能装卸搬运设备、智能拣选设备、智能分拣设备、智能包装设备六个方面的内容。

本书由广西交通运输学校张妍和杨宇清担任主编；广西交通运输学校陈璐、庞丽艳以及北京络捷斯特科技发展股份有限公司张群艳担任副主编；广西交通运输学校黄兆牛担任主审；广西交通运输学校廖常羽、黄剑、覃莹莹，广西交通职业技术学院杨军，南宁师范大学刘新全以及北京络捷斯特科技发展股份有限公司张颖慧等人参与编写。

在编写本书时，编者查阅、参考和引用了许多相关的资料，从中得到很多教益和启发，在此一并对这些资料的作者表示深切的谢意。

限于编者水平，书中难免存在不妥之处，敬请各位专家和广大读者提出宝贵意见和建议，以便进一步修订和完善。

编　者

2023年3月

目　录

项目一 智能仓储设备概述

案例

2009年，"智慧物流"的概念被提出，物联网、大数据、云计算等技术将物流这个传统行业"拽"入科技快车道。党的二十大提出，教育、科技、人才是全面建设社会主义现代化国家的基础性、战略性支撑。必须坚持科技是第一生产力、人才是第一资源、创新是第一动力，深入实施科教兴国战略、人才强国战略、创新驱动发展战略，开辟发展新领域新赛道，不断塑造发展新动能新优势。

据了解，2016年智慧物流市场规模超过2000亿元，预计到2025年，智慧物流市场规模将超过万亿元。在此背景下，智慧物流仓储设备应用更加广泛，各个仓库也变得"热闹"起来，叉车、机械手、立体货架、AGV（自动导引车）等纷纷流行普及。

硬件设备是仓库运营中必须要用到的，特别是在现代化的智能仓储系统中，由于大量减少了人力，因此机械设备就变得更重要了。在智能仓储系统中最常见的智能设备就是运输设备，如穿梭车、自动化输送机、堆垛机等，这些设备主要用于货物运输，以提高工作效率。

那么，本项目我们将一起来学习智能仓储设备的相关知识。

任务一 认知智能仓储

任务目标

1. 了解智能仓储系统的内容。
2. 了解智能仓储发展现状与前景。
3. 理解智能仓储的含义。
4. 掌握无人仓的构成及运行机理。
5. 能够阐述无人仓作业流程。
6. 树立"勇于创新"的意识。

任务描述

    传统行业业务流程的不断再造，对仓库的处理能力提出了更高要求，传统的仓储配送已经远远跟不上时代的需求。不管是在成本管理上，还是在工作场景上，仓库都面临着很大的压力。在传统仓储弊端横生、落后于时代的现实问题面前，智能仓储应运而生。

    随着业务量的不断增加，目前的仓库设施设备已无法满足业务需要，天星物流中心计划建造智能仓库。请同学们以天星物流中心负责人的身份，结合本节课所学知识，并借助互联网查阅资料，总结无人仓的构成、运行机理和作业流程等。

 任务实施

一、无人仓的构成

    无人仓主要由硬件与软件两大部分构成。硬件包括存储、搬运、拣选、包装等环节的各类自动化物流设备；软件主要是仓库控制系统（WCS）和仓库管理系统（WMS）。

（一）硬件

 活动 1：请填写下列硬件的典型代表设备。

无人仓硬件部分	存储设备	搬运设备	拣选设备	包装设备
典型代表设备				

（二）软件

 活动 2：请同学们收集资料，思考无人仓仓库控制系统（WCS）和仓库管理系统（WMS）的功能有哪些。

WCS：

_____

_____

_____

_____

WMS：

_____

_____

_____

_____

_____

二、无人仓的运行机理

活动 3：请同学们结合所学知识，辨析无人仓运行机理，并进行连线。

无人仓之眼	人工智能算法
无人仓的四肢	数据感知
无人仓的大脑	机器人

三、无人仓的实现形式

无人仓虽然代表了物流技术的发展趋势，但真正实现仓储作业全流程无人化并不容易，从仓储作业环节来看，当前无人仓的主要实现形式包括：自动化存储、KIVA 机器人拣选、输送线自动拣选、自动复核包装分拨等。

活动 4：请思考无人仓 4 种实现形式各自的工作方式。

自动化存储：

_____

_____

_____

_____

KIVA 机器人拣选：

_____

_____

_____

_____

_____

输送线自动拣选：

_____

_____

_____

_____

_____

自动复核包装分拨：

_____

_____

_____

_____

_____

四、无人仓的作业流程

无人仓的作业流程全部实现自动化操作，是高度自动化、智能化的仓库。

活动5： 请同学们根据收集的内容，将无人仓作业流程填写完整（见图 1-1-1）。

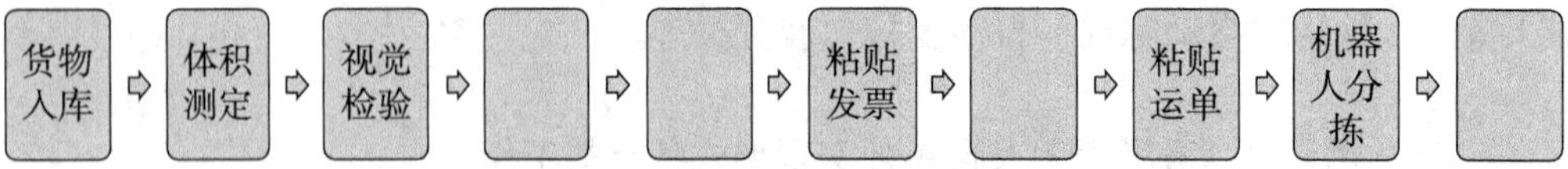

货物入库 ⇒ 体积测定 ⇒ 视觉检验 ⇒ ☐ ⇒ ☐ ⇒ 粘贴发票 ⇒ ☐ ⇒ 粘贴运单 ⇒ 机器人分拣 ⇒ ☐

图 1-1-1　无人仓作业流程

 **评价反馈**

班级					姓名		学号		
任务名称			认知智能仓储						
序号	评价内容	评价考核标准		分值	自评	互评	师评	企评	得分
1	无人仓的构成	能够阐述属于无人仓硬件的物流设备		10					
		能够阐述无人仓软件的组成内容		10					
		能够阐述无人仓软件的功能		10					
2	无人仓的运行机理	能够辨析无人仓的运行机理		10					
3	无人仓的实现形式	能够阐述无人仓的主要实现形式		10					
		能够阐述无人仓 4 种实现形式各自的工作方式		10					
4	无人仓的作业流程	能够阐述无人仓的作业流程		10					
5	学习能力	具有主观能动性，能自主解决问题		10					
6	工作态度与工作规范	态度端正，无无故缺勤、迟到、早退现象		10					
7	工作效率与质量	能按要求完成工作任务		10					
总得分									

 知识链接

一、智能仓储的含义

智能仓储是智慧物流的重要节点，是仓储数据接入互联网系统，通过对数据的提取、运算、分析、优化、统计，再通过物联网、自动化设备、仓储管理系统（WMS）、仓库控制系统（WCS），实现对仓储系统的智慧管理。

智能仓储系统是智慧仓储的实现形式，是由仓储设备系统、信息识别系统、智能控制系统、监控系统、信息管理系统等子系统组成的智能自动执行系统，具有对信息进行智能感知、处理和决策，对仓储设备进行智能控制和调度，自动完成仓储作业的执行与流程优化的功能。

二、智能仓储系统

智能仓储系统是一种通过计算机系统控制，能够全面掌握仓库和物料位置，通过小车和相关搬运设备实现自动出入库和仓储管理的系统。整个工作过程不需要人工的直接参与，大大提高了工作效率。

智能仓储系统的设计原则，如图 1-1-2 所示。

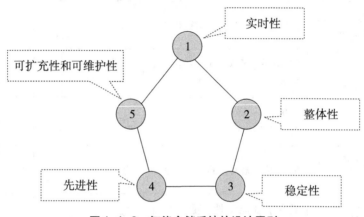

图 1-1-2　智能仓储系统的设计原则

1. 实时性

企业应采用目前最先进的高速无线网络技术，使仓库的所有计划、操作、调度、控制和管理全部具有实时性，以便大大提高仓库现有设备和人员的效率，实现物流管理的最大效益。

2. 整体性

整体性涉及无线手持设备、无线接收设备、数据库前台及后台的数据库服务器。虽然它们之间在物理上是相互分离的，但均有各自的系统支持，为了使各个部分能够统一协调地工作，在系统设计时必须确保它们整体的一致性。

3. 稳定性

在系统设计时，应加入错误分析模块，对所有可能出现的错误进行校验。另外，在设计中对系统的效率和稳定性也应进行优化处理，使系统在保证速度的同时确保稳定性。

4. 先进性

智能仓储系统应是集计算机软硬件技术、互联网技术、条码自动识别技术和数据库技术为一体的智能化的系统。

5. 可扩充性和可维护性

根据软件工程原理，系统维护在整个软件的生命周期中所占比重是最大的，因此提高系统的可扩充性和可维护性是提高系统性能的必要手段。

三、智能仓储行业产业链

智能仓储行业产业链主要分为上游、中游、下游三个部分，如图 1-1-3 所示。

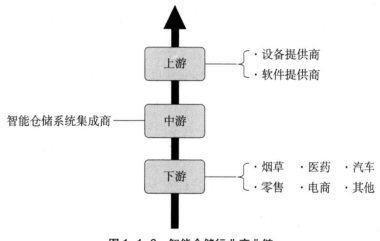

图 1-1-3　智能仓储行业产业链

其中，上游为设备提供商和软件提供商，分别提供硬件设备（输送机、分拣机、AGV、堆垛机、穿梭车、叉车等）和相应的软件系统（WMS——仓储管理系统、WCS——仓库控制系统等）；中游是智能仓储系统集成商，根据行业的应用特点，使用多种设备和软件，设计建造智能仓储系统；下游是应用智能仓储系统的行业，包括烟草、医药、汽车、零售、电商等诸多行业。

四、智能仓储的发展现状

当前，我国智能仓储在"互联网+"的背景下快速发展，与大数据、云计算等新一代互联网技术深度融合，整个行业向着运行高效、流通快速的方向迈进。

1. 仓储企业转型升级取得初步成果

从经营模式看，仓储企业正逐步完善相关服务配套设施，转变企业经营模式，努力实现仓库空间利用率最大化，并向各种类型配送中心发展；从发展方向看，企业通过并购重组、延伸产业服务链条等方式，实现仓储领域向网络化与一体化服务发展。

2. 新兴仓储领域快速发展

在电商、快递仓储方面，企业将竞争力放在提高用户体验、提升配送效率上，一方面加快物流设施的建设，另一方面开放仓储资源；同时在快递公司上市潮的推动下，仓储领域的技术和服务水平得到快速提高。

3. 仓储机械化与信息化水平有所提高

从机械化水平看，仓储装备（如货架、托盘、叉车等）和仓储管理系统在大中型仓储企业中得到了广泛的应用。根据高工产业研究院（以下简称"GGII"）数据测算，全国仓储业机械化作业率在35%以上，仓储管理信息化达到50%以上。

从信息化水平看，条码和无线射频识别（RFID）等自动识别技术、可视化及货物跟踪系统、自动分拣技术等，在我国大中型仓储企业中的应用比例也有所提高，我国仓储业的信息化正在向深度（智能仓储）与广度（互联网平台）发展。

> 加快运输、仓储、配送、流通加工、包装、装卸等领域数字化改造、智慧化升级和服务创新，补齐农村物流、冷链物流、应急物流、航空物流等专业物流短板，增强专业物流服务能力，推动现代物流向供应链上下游延伸。
>
> ——《"十四五"现代物流发展规划》

五、智能仓储行业市场规模及应用

1. 智能仓储行业市场规模

随着信息技术的不断发展，智能仓储行业相关产品的市场需求也不断增长。一方面，行业下游应用广泛，在产业的工厂端、流通端、消费者端均有较多应用场景，智能仓储设备的应用不仅可以大幅降低物流成本，还可以提升物流运行效率，这对提高国民经济运行效率和质量、提高我国经济效益都具有重要意义；另一方面，以电子商务、快递物流、医药、新零售等为代表的多个涉及国计民生的下游应用领域出现了新业态、新产业、新模式，对仓储行业提出了更高的要求，这使得下游应用领域对智能仓储的需求不断增长。

根据GGII数据，我国经济的持续发展以及电商物流的崛起都给智能仓储的发展提供了巨大的市场需求，因此智能仓储市场规模快速增长，2013—2019年，年均复合增长率为17.6%，到2019年中国智能仓储市场规模达到856.5亿元。如图1-1-4所示。

从行业参与度看，中国智能仓储企业参与度较高的行业为医药制药、食品饮料、电商物流、汽车、3C（计算机类、通信类和消费类）家电以及烟草等行业，以上行业因参与者众多，竞争趋于激烈。如图1-1-5所示。

对于新能源行业，目前智能仓储企业参与度偏低，不过随着新能源行业进入高速发展期，对智能仓储的需求也将日益凸显。

图 1-1-4 2013—2019 年中国智能仓储市场规模增长情况

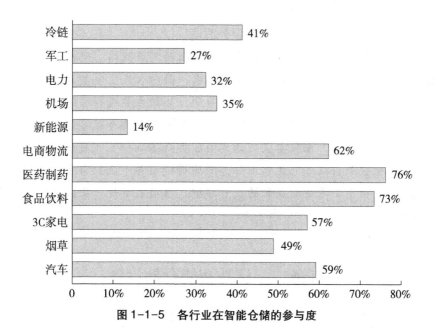

图 1-1-5 各行业在智能仓储的参与度

2. 智能仓储的典型应用——无人仓

对于无人仓的概念，目前业内并没有统一的定义。单从字面意思理解，无人仓指的是货物从入库、上架、拣选、补货，到包装、检验、出库等物流作业流程全部实现无人化操作，是高度自动化、智能化的仓库。

还有观点认为，基于高度自动化、信息化的物流系统，即便仓库内有少量工人，只要实现人机高效协作，仍然可以视为无人仓。京东、菜鸟目前打造的无人仓便是如此。

甚至有部分人士认为，在货物搬运、上架、拣选、出库等主要环节逐步实现自动化作业，也是无人仓的一种表现形式。综合以上观点，无人仓的发展方向是明确的，即以自动化设备替代人工完成仓库内部作业。

从市场需求看，随着以智能制造为代表的制造业物流的升级发展，以及电商行业因海量订单对更高效的自动化系统的需求越来越大、要求越来越高，传统的物流系统已经难以满足。另外，随着土地成本和人工成本的不断上涨，"机器换人""空间换地"成为趋势，仓库无人化成为必然趋势。

从物流技术本身的发展看，仓储系统自动化、信息化、智能化程度的不断提高，不仅大幅降低了物流作业人员的劳动强度，甚至能替代人工实现更加准确、高效的作业，因此其作业效率和准确性方面的优势不断凸显。同时，以设备大量替代人工，使得物流作业成本大幅降低，并且随着无人仓技术越来越成熟，应用越来越广泛，其成本也将得到有效降低，投资回报率不断提高。

可以说，智能制造及电商企业的需求直接推动了无人仓技术的发展升级，无人仓是市场需求和物流技术发展双重作用的结果，是供需双方联合创新的典范。

课外阅读

党的二十大报告继续强调加快实施创新驱动发展战略。坚持面向世界科技前沿、面向经济主战场、面向国家重大需求、面向人民生命健康，加快实现高水平科技自立自强。以国家战略需求为导向，集聚力量进行原创性引领性科技攻关，坚决打赢关键核心技术攻坚战。加快实施一批具有战略性全局性前瞻性的国家重大科技项目，增强自主创新能力。加强基础研究，突出原创，鼓励自由探索。强化企业科技创新主体地位，发挥科技型骨干企业引领支撑作用，营造有利于科技型中小微企业成长的良好环境，推动创新链产业链资金链人才链深度融合。

任务二 认知智能仓储设备

 任务目标

1. 了解智能物流设备的含义。
2. 了解智能仓储设备的发展前景。
3. 理解智能仓储设备的分类。
4. 能够辨析智能仓储设备。
5. 树立"科技兴国"的意识。

任务描述

随着互联网、电子商务的迅猛发展，智能仓储设备行业获得高度关注，市场规模迅速扩大。我中国经济的持续健康发展和物流业的崛起，为仓储业的发展提供了巨大的市场需求，加上制造业、商贸流通业外包需求的释放和仓储业战略地位的加强，未来智能仓储设备具有更大的市场空间。

天星物流中心如果要建造智能仓库，必须采购智能仓储设备。请同学们以天星物流中心负责人的身份，结合本节课所学知识，借助互联网查阅资料，总结智能仓储设备的类型，并辨析其特点。

任务实施

一、自动化运输设备

活动1：下面为皮带输送机的分类，请同学们通过连线的方式找到正确的图片。

槽型皮带机

平型皮带机

爬坡皮带机

转弯皮带机

活动2： 请同学们结合所学知识，查询资料，将空白处填写完整。

（1）辊筒输送线的材质包括_____、不锈钢、_____、_____、塑钢等。

（2）辊筒输送线的调速方式有_____、_____两种。

（3）辊筒输送线的驱动方式有_____驱动、_____驱动两种。

（4）托盘输送线具有能输送_____货物，输送能力_____，安全、经济的优点。

二、自动存储设备

活动3： 请同学们结合所学知识，查询资料，阐述至少4条关于自动化立体仓库的优点。

_____

_____

_____

_____

三、自动分拣设备

活动4： 自动分拣设备有交叉带式分拣机、翻盘式分拣机、滑块式分拣机、挡板式分拣机、辊筒浮出式分拣机、条板倾斜式分拣机、胶带浮出式分拣机等类型。请同学们结合所学知识，查询资料，将空白处填写完整。

（1）_____比较常见的为一车双带式，即一个小车上面有两段垂直的皮带，既可以由每段皮带各运送一个包裹，也可以两段皮带合起来运送一个包裹。两段皮带合起来运送一个包裹时，可以通过在分拣机两段皮带上的预动作，使包裹的方向与分拣方向一致，以减少格口的间距要求。

（2）_____是通过托盘倾翻的方式将包裹分拣出去。最大输送能力可以达到每小时1.2万件。

（3）_____是一种特殊形式的条板输送机。输送机的表面由金属条板或管子构成，如竹席状，而在每个条板或管子上有一枚用硬质材料制成的导向滑块，能沿条板横向滑动。

（4）_____是利用一个挡板（挡杆）挡住在输送机上向前移动的商品，将商品引导到一侧的滑道拣出。

（5）_____用于辊筒式主输送机上，将有动力驱动的两条或多条胶带或者单个链条横向安装在主输送辊筒之间的下方。当分拣机接受指令启动时，胶带或链条向上提升接触商品底部，把商品托起并将其向主输送机一侧移出。

（6）_____用于辊筒式或链条式主输送机上，它是将一个或数个有动力的斜向辊筒安装在主输送机表面下方，分拣机启动时，斜向辊筒向上浮起，接触商品底部，将商品斜向移出主输送机。这种上浮式分拣机，有的是采用一排能向左或向右旋转的辊筒，可将商品向左或向右排出。

（7）_____是一种特殊形式的条板输送机，商品装载在输送机的条板上，当商品行走到需要分拣的位置时，条板的一端自动升起，条板倾斜，从而将商品移离主输送机。商品占用的条板数量随商品的长度而变化，经占用的条板数如同一个单元，同时倾斜，因此，在一定范围内这种分拣机对商品的长度没有限制。

四、分拣机器人

活动5：请同学们结合所学知识，查询资料，填写图1-2-1机器人分拣作业流程。

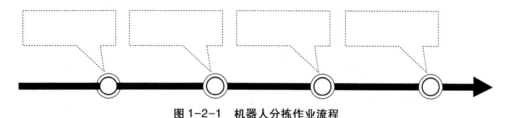

图1-2-1　机器人分拣作业流程

五、"货到人"拣选设备

活动6：请同学们结合所学知识，查询资料，填写空白内容。

一般"货到人"系统主要由_____、_____、_____三大部分组成。

（1）_____是基础，其自动化水平决定了整个"货到人"系统的存取能力，随着拆零拣选作业越来越多，货物存储单元也由过去的托盘转为纸箱/料箱。

（2）_____负责将货物自动送到拣货员面前，它需要与快速存取能力相匹配。

（3）_____应按订单拣货，拣货人员借助电子标签、RF（电磁频率）、称重、扫描等一系列技术，提高拣货速度与准确率。

评价反馈

班级					姓名			学号		
任务名称			认知智能仓储设备							
序号	评价内容		评价考核标准		分值	自评	互评	师评	企评	得分
1	智能物流设备		能够阐述智能物流设备的内容		10					
2	自动化运输设备		能够阐述自动化运输设备的组成		10					
			能够辨析自动化运输设备的类型		10					
3	自动存储设备		能够阐述自动存储设备的优点		10					
4	自动分拣设备		能够辨析自动分拣设备的类型		10					
5	分拣机器人		能够阐述分拣机器人的工作流程		10					
6	"货到人"拣选设备		能够阐述"货到人"拣选设备的构成		10					
7	学习能力		具有主观能动性，能自主解决问题		10					
8	工作态度与工作规范		态度端正，无无故缺勤、迟到、早退现象		10					
9	工作效率与质量		能按要求完成工作任务		10					
总得分										

 知识链接

一、智能物流设备含义

智能物流设备，是指具备集成智能化技术进行物流活动的装备。目前我国应用于企业的智能物流设备主要有存储类、码垛搬运类、输送分拣类以及拣选类四大类。

二、自动存储设备

自动化立体仓库（Automated Storage and Retrieval System，AS/RS）又称高层货架仓库、自动存储系统，是现代物流系统的一个重要组成部分，在各行各业都得到了广泛的应用。它的主体由高层货架、巷道式堆垛机、出入库输送系统、周边辅助设备、自动控制系统和仓储管理系统组成。

1. 高层货架

通过高层货架实现货物存储功能，充分利用立体空间，并起到支撑堆垛机的作用。根据货物承载单元的不同，高层货架又分为托盘货架系统和周转箱货架系统。

2. 巷道式堆垛机

巷道式堆垛机是自动化立体仓库的核心起重及运输设备，在高层货架的巷道内沿着轨道运行，实现取送货物的功能。巷道式堆垛机主要分为单立柱堆垛机和双立柱堆垛机。

3. 出入库输送系统

巷道式堆垛机只能在巷道内作业，而货物存储单元在巷道外的出入库需要通过出入库输送系统完成。

常见的出入库输送系统有传输带、穿梭车（RGV）、自动导引车（AGV）、叉车、码垛机器人等，出入库输送系统与巷道式堆垛机对接，配合巷道式堆垛机完成货物的搬运、运输等作业。

4. 周边辅助设备

周边辅助设备包括自动识别系统、自动分拣设备等，其作用都是扩充自动化立体仓库的功能，如可以扩充分类、计量、包装、分拣功能。

5. 自动控制系统

自动控制系统是整个自动化立体仓库中系统和设备的控制核心，向上连接物流调度系统，接受物料的输送指令；向下连接输送设备，实现底层输送设备的驱动、输送物料的检测与识别；完成物料输送及过程控制信息的传递。

6. 仓储管理系统

仓储管理系统可以对订单、需求、出入库、货位、不合格品、库存状态等各类仓储信息进行分析和管理。该系统是自动化立体仓库系统的核心，是保证立体库更好使用的关键。

三、自动输送设备

自动输送设备主要包括皮带输送线、辊筒输送线以及托盘输送线等，适用于纸箱和周转箱的输送。

1. 皮带输送线

皮带输送线也称皮带输送机，其运用输送带的连续或间歇运动输送各种重量的物品。它既可输送各种散料，也可输送用纸箱、包装袋包装的单件重量不大的件货，用途广泛。

皮带输送机的结构形式有槽型皮带机、平型皮带机、爬坡皮带机、转弯皮带机等。

2. 辊筒输送线

辊筒输送线是指能够输送单件重量很大的货物或承受较大冲击载荷的机械。它适用于各类箱、包、托盘等件货的输送，散料、小件物品或不规则物品需放在托盘上或周转箱内输送。

辊筒输送线按驱动方式可分为动力辊筒输送线和无动力辊筒输送线，按布置形式可分为水平辊筒输送线、倾斜辊筒输送线和转弯辊筒输送线。也可按客户要求设计，以满足各类客户的要求。

3. 托盘输送线

托盘输送线是指在驱动装置的驱动下，以辊筒或链条作为承载物，对托盘及其上的货物进行输送。

托盘输送线有链条输送型和辊筒输送型两种形式。

四、自动分拣设备

自动分拣设备（Automatic Sorting System，ASS）是先进的配送中心必需的设施之一。自动分拣设备可将随机的、不同类别和不同去向的物品，按产品的类别或产品目的地，从产品的仓库或货架，经过拣选系统要求的路径送到仓库中出货装车的位置。自动分拣设备具有很高的分拣效率，通常每小时可分拣商品6000~12000箱。

1. 自动分拣设备的特点

（1）能连续、大批量地分拣货物。由于采用了大生产中使用的流水线自动作业方式，自动分拣设备不受气候、时间、工人体力等方面的限制，可以连续运行。另外，自动分拣设备单位时间分拣件数多，其可连续运行100小时以上，每小时可分拣7000件包装商品，如采用人工方式则每小时只能分拣150件左右，分拣人员也不能在这种劳动强度下连续工作8小时。

（2）分拣误差率极低。自动分拣设备的分拣误差率主要取决于输入分拣信息的准确率，这又取决于分拣信息的输入机制，如果采用人工键盘或语音识别方式输入，则误差率在3%以上，如果采用条码扫描输入，除非条码本身印刷有差错，否则不会出错。因此，目前自动分拣设备主要采用条码技术识别货物。

（3）分拣作业基本实现无人化。采用自动分拣设备的目的之一就是减少人员的投入，减轻员工的劳动强度，提高人员的使用效率，因此自动分拣设备能最大限度地减少人员的投入，基本做到无人化。

2. 自动分拣设备的优势

自动分拣设备之所以能够在现代化物流中得到广泛应用，是因为其具有以下优点。

（1）自动化分拣。自动化分拣设备为企业减少了很多劳动成本，同时也提高了企业的工作效率，让企业更便利地管理、存储货物。此外，企业也不需要花费更多的时间在分拣工作上，可以将精力放在其他工作上。

（2）数据存储。自动化分拣设备在工作时可以存储数据，这些数据都会存储在系统中。数据存储主要是确保货物分拣正确，保证分拣的货物不会丢失。人工分拣货物时，常常会出现分拣错误或者货物丢失的情况，导致分拣工作出现各种各样的问题。自动化分拣设备数据存储能有效避免这样的问题。

（3）货物安全。使用自动化分拣设备分拣货物，能确保货物分拣安全，也能保证货物分拣正确。而人工分拣货物，可能会出现各种问题，尤其是货物安全无法保证。

（4）分拣效率高。分拣效率高是自动化分拣设备应用的最大优势，企业能实现高效分拣。

五、分拣机器人

基于快递物流客户高效、准确的分拣需求，分拣机器人应运而生。通过分拣机器人与工业相机的快速读码及智能分拣系统相结合，可实现包裹称重、读码后的快速分拣及信息记录交互等功能。分拣机器人作为新型自动分拣技术，可实现高达15000件/小时的拣选效率，并且在系统灵活性、扩展性等方面更具优势。

（1）系统扩展性强。分拣机器人可根据业务增长的需要进行扩展。

（2）人工成本低。分拣机器人的人员工位布置紧凑、人均效能高，相同处理效率下可节约用工约40%。

（3）分拣差错小。分拣机器人采用静态卸载，只要包裹面单信息正确，理论分拣差错率为0。

（4）系统可靠性高。分拣机器人系统由众多独立运行的分拣机器人组成，不会因某台机器人故障而影响整个系统的运行效率，且系统支持远程升级及调试，相关技术人员可远程解决系统调度问题，所需时间也很短。

（5）节能环保。分拣机器人用电消耗功率低，且均由低功率可充电电池供电。

六、"货到人"拣选设备

"货到人"拣选设备，简单来说就是在物流中心的拣选作业过程中，由自动化物流系统将货物搬运至固定站点以供拣选，即货动、人不动。

"货到人"拣选设备通过与输送机控制系统、自动存取系统协同工作，将货物自动输送到拣选人面前，降低拣选作业强度的同时实现高效拣选。一般来说，企业选择"货到人"拣选设备的目的主要有两点：一是提高物流作业效率；二是降低物流作业成本。

七、智能物流设备产业发展

随着大数据、云计算、移动互联网等技术的不断发展，近年来我国物流业正在从传统人工操作时代逐渐跨越到智能管控时代。自动化、无人化、智能化应用，逐渐从前端的分拣、运输环节延伸到末端的配送环节，机器人、无人车、无人机等装备也让企业看到智能技术有望缓解仓储、配送压力和劳动力流失的问题，更为重要的是它们将有助于物流行业的降本增效。

物流业作为"第三利润源"的地位日益凸显，智能物流设备行业迎来良好发展机遇，2014—2019 年我国智能物流设备市场规模保持 20%以上的增速。数据显示，截至 2019 年，我国智能物流设备市场规模约为 1400 亿元，同比增长 20.7%。

目前，我国智能物流设备主要应用于工程及传统流通渠道，但随着电商的飞速发展，电商快递将成为我国智能物流设备行业的需求热点，需求增长在 30%以上。

课外阅读

党的二十大报告指出，推动战略性新兴产业融合集群发展，构建新一代信息技术、人工智能、生物技术、新能源、新材料、高端装备、绿色环保等一批新的增长引擎。构建优质高效的服务业新体系，推动现代服务业同先进制造业、现代农业深度融合。加快发展物联网，建设高效顺畅的流通体系，降低物流成本。

项目二　智能存储设备

仓库最基本的功能就是储存物资，并对储存的物资实施保管和控制。随着仓储机械化与信息化水平的不断提高，未来，以货架、托盘、叉车为代表的仓储装备和仓储管理信息系统在大中型仓储企业的应用将被普及，仓储作业机械化与仓储管理信息化融合。同时，条码、智能标签、无线射频识别等自动识别技术、可视化及货物跟踪系统、自动分拣技术，在一些大型企业与烟草、电子、电商等仓储企业的应用比例将不断提高。随着网络时代的到来，仓储服务也随之实现自动化和信息化，减少了人力的投入。

那么，本项目我们将一起学习仓库储存环节中常用存储设备的相关知识。

任务一　认识和使用仓储货架

任务目标

1. 了解常见仓储货架的类型与特点。
2. 理解仓储货架的概念。
3. 掌握仓储货架正确的使用方法。
4. 能运用仓储货架进行仓储作业。
5. 自觉遵守操作规范，能做到独立思考，具备团队合作的精神。

任务描述

仓储货架在物流及仓库中占有非常重要的地位，随着现代工业的迅猛发展，物流量大幅增加，为实现仓库的现代化管理，改善仓库的功能，不仅要求货架的数量多，而且要求其具有多功能，并能实现机械化、自动化要求。

托盘是物流作业最基本的载体，托盘与叉车配合，能实现对物料的机械化搬运作业；托盘与货架结合使用，可实现对物料的有序堆垛存放并大幅提高空间的利用率。托盘、周转箱和集装箱是单元化集装系统的三大支柱。

　　天星物流中心接到某客户的入库通知书，有一批箱装的食品类货物将在今天到库，请同学们以仓管员的身份，结合本节课所学知识，并借助互联网查阅资料，分辨并选择正确的托盘、堆码方式完成货物的组盘作业，最终利用货架完成货物的上架作业。以上环节是仓库入库作业的重要组成部分。

 扫一扫

　　　请同学们扫描右侧二维码，观看视频，了解
货架安装实施部署流程。

 任务实施

一、托盘的标准化（尺寸）

　　托盘虽然只是一个小小的器具，但由于托盘具有重要的衔接功能、广泛的应用性和举足轻重的连带性，在装卸搬运、保管、运输和包装等各个物流环节的效率化中，都处于中心位置，所以托盘的规格尺寸是包装尺寸、车厢尺寸、集装单元尺寸的核心。部分国家标准托盘尺寸规格如表 2-1-1 所示。

表 2-1-1　　　　　　　　　　部分国家标准托盘尺寸规格

国家	标准号	平面尺寸（mm×mm）
美国	ANSI/ASMEMH 1.2.2	1200×1950、1200×1200、1200×1050、1200×1000、1200×900、1150×1150、1100×1100、1050×1050、1000×1000、900×900、875×1175、750×750
澳大利亚	AS 4068	1100×1100、1165×1165
日本	JIS Z 0601	1100×1100
韩国	KSA 2155	1100×1100
新加坡	SS 334	1100×1100、1100×1400、1200×800、1200×1000、1200×1200、1200×1800
德国	DIN 15141-1	1200×800、1200×1000
法国	NF H 50-001	1200×800、1200×1000
英国	BS/ISO 6780	1140×1140、1200×800、1200×1000、1219×1016
俄罗斯	AOCT 9078	1200×800、1200×1000、1200×1600

活动1：

（1）请问 1200 系列托盘的托盘尺寸有哪些？分别适用于哪些国家和地区？

_____

_____

_____

（2）请问 1219 系列托盘的托盘尺寸有哪些？分别适用于哪些国家和地区？

_____

_____

_____

（3）请问 1100 系列托盘的托盘尺寸有哪些？分别适用于哪些国家和地区？该系列托盘是从何处发展形成的？主要用于哪种运输方式？

_____

_____

_____

（4）请问 1140 系列托盘的托盘尺寸有哪些？该系列托盘是哪个系列托盘的改进？目的是什么？

_____

_____

_____

活动2：请问中国托盘的国家标准是什么？目前在市场中运用最广泛的托盘尺寸是多少？

_____

_____

_____

_____

二、选择托盘标准应遵循的基本原则

选择托盘标准应遵循的基本原则，如图 2-1-1 所示。

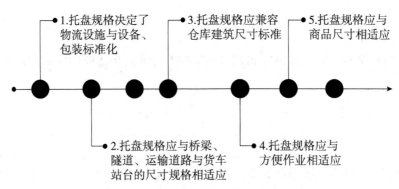

图 2-1-1　选择托盘标准应遵循的基本原则

1.托盘规格决定了物流设施与设备、包装标准化

2.托盘规格应与桥梁、隧道、运输道路与货车站台的尺寸规格相适应

3.托盘规格应兼容仓库建筑尺寸标准

4.托盘规格应与方便作业相适应

5.托盘规格应与商品尺寸相适应

小提示：托盘选择应考虑的因素有托盘尺寸、承载要求、托盘材质、托盘结构、成本。

三、托盘的堆码方式

在托盘上放装同一形状的立体包装货物时，可采取各种交错咬合的方法堆码，以提高货垛的稳定性。常见的四种托盘堆码方式如图 2-1-2 所示。

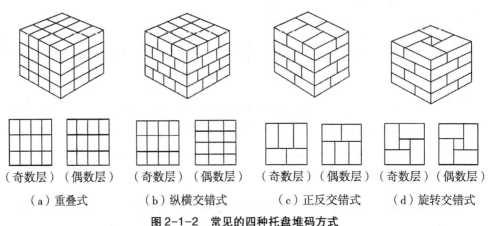

（奇数层）（偶数层）　　　（奇数层）（偶数层）　　　（奇数层）（偶数层）　　　（奇数层）（偶数层）

（a）重叠式　　　　　（b）纵横交错式　　　　（c）正反交错式　　　　（d）旋转交错式

图 2-1-2　常见的四种托盘堆码方式

活动 3：请描述常见的四种托盘堆码方法的原理、优点和缺点，并完成表 2-1-2 的填制。

表 2-1-2　　　　　常见的四种托盘堆码方法的原理、优点和缺点

堆码方法	原理	优点	缺点
重叠式			

堆码方法	原理	优点	缺点
纵横交错式			
正反交错式			
旋转交错式			

四、托盘的组盘操作

1. 组盘方式的计算

（1）计算托盘每层最大摆放数量

托盘每层最大摆放数量=托盘面积÷货物底面积

已知标准托盘尺寸是 1200mm×1000mm；货物尺寸是 L mm×W mm。

注意：根据托盘面积计算出的每层最多码放箱数仅作为参考，实际每层最多码放数量要根据货物组托要求和组托方式决定。

（2）计算托盘堆码高度（每托最多码放层数）

托盘堆码高度=（货架每层高度-托盘高度）÷货物外包装高度

（3）计算每托最多码放数量

每托最多码放数量=（货位承重-托盘重量）÷单体毛重

（4）画出每层的摆放示意图（奇数层、偶数层）。

（5）如果是整托，每层货物摆放数量一致；如果是散托，注意最后一层货物的摆放方式。

2. 托盘组盘实践

根据以下信息，说明该货物的组盘方法，并手绘组盘示意图。

货物信息：休闲黑瓜子，包装规格（mm×mm×mm）：595×395×375，单价：50 元/箱，重量：5kg，箱数：10 箱，标准托盘尺寸（mm×mm×mm）：1200×1000×160，托盘重量：15kg，重型货架单货位承重≤500kg，货位尺寸第一层（mm×mm×mm）：1125×900×1280。

（1）组盘方法。

_____

_____

（2）组盘示意图。

活动4：

根据以下信息，说明该货物的组盘方法，并手绘组盘示意图。

货物信息：小师傅方便面，包装规格（mm×mm×mm）：595×325×330，单价：80元/箱，重量：10kg，箱数：18箱，标准托盘尺寸（mm×mm×mm）：1200×1000×160，托盘重量：15kg，重型货架单货位承重≤500kg，货位尺寸第一层（mm×mm×mm）：1125×900×1280。

（1）组盘方法。

_____

_____

（2）组盘示意图。

📱 扫一扫

　　请同学们扫描右侧二维码，观看视频，了解入库上架的过程。

五、使用货架储放货物的步骤（以横梁式货架为例）

活动5：请结合观看的"入库上架"的视频，描述用货架储放货物的具体操作步骤，完成以下空格的填写。

（1）运用_____找出货物即将存放的货架位置，如图2-1-3所示。

图2-1-3　手持终端

（2）叉车装载托盘货物驶入横梁式货架_____。

（3）开启叉车，将所搬运的托盘货物上升至_____，将托盘货物水平放入柱片之间的间隔，考虑货架梁的位置将托盘准确地放入货架适当深度（降低托盘之前，不能与梁有接触）。

（4）小心降低托盘货物，将其放于梁上，从叉车上卸下载荷，托盘与梁接触时，禁止托盘在支撑构件上_____。

（5）将叉车从托盘上去除并降至地面，用_____确认上架。

六、使用货架储放货物时的注意事项

（1）整托货物放在货位的中间，保证货物稳固的同时让货架各部分平均承担重量。

（2）货架与托盘要保持一定的间隙，货架上层与仓库天花板保持一定的距离。

活动6：为什么货架与托盘货物之间要保留一定的间隙（见图2-1-4），请说明原因。

_____

_____

_____

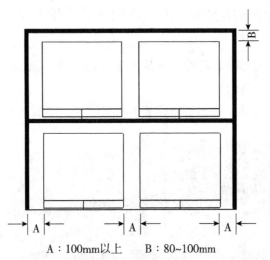

A：100mm以上　　B：80~100mm

图 2-1-4　货架与托盘的间隙

活动 7：为什么货架上层横梁与仓库的天花板要保持一定距离？（见图 2-1-5）托盘货物放上货架后，货物顶部仍要与仓库的天花板保持一定距离，请问该距离具体是多少厘米？请填写至图 2-1-5 的方框中，并说明保持该距离的原因。

_____

_____

_____

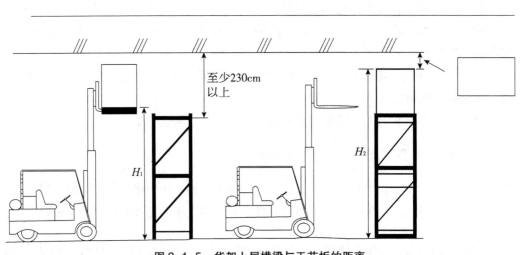

图 2-1-5　货架上层横梁与天花板的距离

评价反馈

班级				姓名		学号		
任务名称		认识和使用仓储货架						
序号	评价内容	评价考核标准	分值	自评	互评	师评	企评	得分
1	使用货架储放货物的步骤	能准确描述使用货架储放货物的步骤	10					
2	使用货架储放货物的要求	能正确说明使用货架储放货物时的注意事项	5					
3	托盘的标准化（尺寸）	能正确描述国际和我国托盘标准尺寸	10					
4	托盘的堆码方式	能说明四种常用托盘堆码方式的名称、优缺点	10					
5	托盘的组盘操作	能通过计算获得货物的托盘组盘方法；能手绘货物组盘示意图	20					
6	学习能力	具有主观能动性，能自主解决问题	15					
7	工作态度与工作规范	态度端正，无无故缺勤、迟到、早退现象	10					
8	工作效率与质量	能按要求完成工作任务	10					
9	团队合作	与小组成员分工协作、互相帮助	10					
总得分								

 知识链接

一、托盘的概念

中国国家标准《物流术语》（GB/T 18354—2021）对托盘（pallet）的定义是：在运输、搬运和存储过程中，将物品规整为货物单元时，作为承载面并包括承载面上辅助结构件的装置。

扫一扫

请同学们扫描右侧二维码，了解托盘发展的最新趋势。

二、托盘的种类、特点

（一）根据托盘的结构分类

1. 平托盘

平托盘几乎是托盘的代名词，是最常见、最通用、使用量最大的托盘类型，其没有上层结构。托盘按承托货物台面分类，可分为单面托盘和双面托盘，如图 2-1-6 所示。

图 2-1-6　单面托盘与双面托盘

托盘按叉车叉入方式分类，可分为单向叉入型、双向叉入型和四向叉入型，如图 2-1-7 所示。

（a）单向叉入型　　　（b）双向叉入型　　　（c）四向叉入型

图 2-1-7　不同叉车叉入方式的托盘

2. 柱式托盘

在平托盘的四角装有立柱的托盘为柱式托盘。柱式托盘分为固定式、可卸式、折叠式三种，如图2-1-8所示。

拆卸端口

（a）固定式柱式托盘　　（b）可卸式柱式托盘　　（c）折叠式柱式托盘

图2-1-8　各类柱式托盘

柱式托盘的特点是：利用立柱支撑重物，可以多层叠放货物，防止托盘上的货物在运输和装卸过程中发生塌垛现象。其一般高度为1200mm。

3. 箱式托盘

箱式托盘是四面有侧板的托盘，有的箱体上有顶板，有的没有顶板。四周栏板有板式、栅式和网式，箱壁构造物可拆卸，也可固定或者折叠。部分箱式托盘如图2-1-9所示。

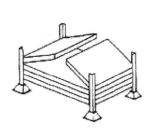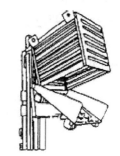

（a）可折叠箱式托盘　　（b）可拆卸箱式托盘　　（c）活底箱式托盘

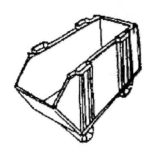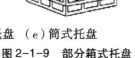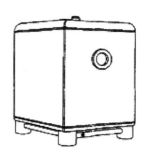

（d）溜槽或斜槽壁板的箱式托盘　（e）筒式托盘　　　（f）罐式托盘

图2-1-9　部分箱式托盘

箱式托盘的特点是：可将形状不规则的物品进行集装；堆码时不需要防散垛处理。

4. 轮式托盘

轮式托盘是在柱式托盘或箱式托盘下安装小型脚轮的托盘，如图 2-1-10 所示。

图 2-1-10　各类轮式托盘

轮式托盘的特点是：能短距离移动，用途广泛，适用性强。

5. 滑板托盘

滑板托盘是两边设有翼板的平板，如图 2-1-11 所示。

滑板托盘的特点是：用于搬运、存储或运输单元载荷形式的货物的底板，需配合推拉器使用，如图 2-1-12 所示。

图 2-1-11　滑板托盘

图 2-1-12　推拉器与滑板托盘的使用

(二) 根据托盘的制造材料分类

根据制造材料的不同可将托盘分为木制托盘、塑料托盘、钢制托盘、蜂窝纸托盘、层压板托盘和高密度合成板托盘等，如表 2-1-3 所示。

表 2-1-3　　　　　　　　　　　　　托盘的种类

按托盘的制造材料划分	制造材料	特点
木制托盘	以天然木材为原料	精确度高、不易变形，用高强度螺钉加固，不会起钉，牢固性好
塑料托盘	是使用 PE/PP（聚乙烯/聚丙烯）等热塑性塑料，加上一些改善性能的添加剂，通过注塑、吹塑等工艺加工而成的	具有强度大、可回收、使用寿命长（可用 6~7 年）等特点
钢制托盘	采用优质特种型材制造，由面板和支腿组合而成	外形美观、坚固耐用、无须维护；结构合理，承重能力更佳；防腐，便于清洁，不易污染，适合化工企业
蜂窝纸托盘	用蜂窝纸板与高强度蜂窝支腿经胶粘、压制复合制成的托盘	质轻、价廉、高强度、免熏蒸，并经过高温消毒或防腐处理，属绿色产品，符合环保要求，特别适合空运
层压板托盘	是由废纸、草浆等杂物水解后，压制而成的再生环保材料	其抗压性、承重性接近木板，适用于电子产品等高档产品的运输
高密度合成板托盘	由各类废弃物经高温、高压压制而成	避免了传统木托盘木结、虫蛀、色差、耐湿性能差等缺点，具有高抗压、重承载、低成本的优点，适合各类货物的运输，尤其是重货的成批运输，是替代木托盘的上佳选择

请同学们扫描右侧二维码，了解木制托盘常
用的熏蒸处理方法。

三、仓储货架的概念

货架是指用支架、隔板或托架组成的存放货物的立体设施。在仓库设备中，仓储
货架是指专门用于存放成件货物的保管设备，如图 2-1-13 所示。

图 2-1-13　仓储货架

四、仓储货架的种类、特点

仓储货架的种类很多，最常用的仓储货架的种类如表 2-1-4 所示。

表 2-1-4　　　　　　　　　最常用的仓储货架的种类

分类标准	类别	描述
按结构划分	整体式货架	货架是库房的骨架，屋顶支承在货架上
	分体式货架	货架独立建在库房内，货架与仓库分开

续　表

分类标准	类别	描述
按承载量划分	轻型货架	每层承重约 150kg，如超市货架
	中型货架	每层承重 150~500kg，如中型工业货架
	重型货架	每层承重在 500kg 以上，如重型工业货架
按高度划分	低层货架	高度在 5m 以下，用于普通仓库
	中层货架	高度在 5~15m，可用于立体仓库
	高层货架	高度在 15m 以上，一般用于立体仓库
按结构特点划分	层格式货架	每格只放一种物品，物品不易混淆，层间光线暗，存放数量不大，如图 2-1-14 所示
	悬臂式货架	采用特种型材立柱，有单面型与双面型，配以高强度受力悬臂，是存储各种长形物料和不规则物料的最佳货架，如图 2-1-15 所示
	贯通式货架	是一种不以通道分隔，连续性的整体性货架，如图 2-1-16 所示。采用托盘存取模式，托盘的存入由里向外逐一存放，叉车进出使用相同的通道，储存密度非常高，但存取性差，不宜做到"先进先出"的管理。适用于存放品种单一，大批量的货物
	横梁式货架	是一种常用的货架形式，如图 2-1-17 所示。采用方便的单元化托盘存取方式，有效配合叉车装卸，存取货物方便快捷，有 100% 的拣选能力，是先进先出的最经济之选
	阁楼式货架	是用货架做楼面支撑，可设计成多层（通常 2~3 层），设有楼梯和货物提升电梯等，如图 2-1-18 所示。适用于库房较高、货物较轻、人工存放且储货量大的情形
	流利式货架	由立柱片和滑移层组合而成，滑移层有一定倾斜度，货物用标准的周转箱或纸箱存放，如图 2-1-19 所示

图 2-1-14　层格式货架

单面型悬臂式货架   双面型悬臂式货架

图 2-1-15   悬臂式货架

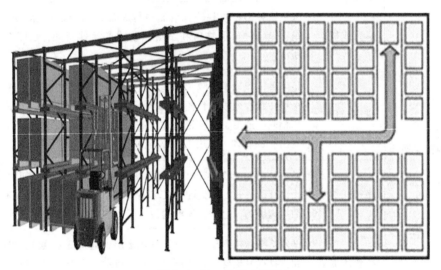

图 2-1-16   贯通式货架

图 2-1-17   横梁式货架   图 2-1-18   阁楼式货架

图 2-1-19 流利式货架

课外阅读

　　俗话说，没有规矩，不成方圆。制度就是规矩、规范，具有一定的约束力。"安全就是效益"，要熟知安全制度，认真学习有关操作规范，在每日的工作中相互监督、相互提醒、相互检查，查找漏洞和薄弱环节，防止不安全因素的存在，杜绝事故隐患，从小事做起，就能筑起安全大堤。

任务二 认知自动化立体仓库

 任务目标

1. 理解自动化立体仓库的概念及功能。
2. 理解自动化立体仓库的布局。
3. 掌握自动化立体仓库的分类。
4. 能够列举自动化立体仓库的结构。
5. 能够阐述自动化立体仓库的入库、出库及拣选作业流程。
6. 培养精益求精的"大国工匠精神"。

任务描述

　　利用自动化立体仓库设备可实现仓库层高合理化、存取自动化、操作简便化。很多领域都采用了自动化立体仓库，如军事、化工、食品制造、服装制造、货运、医院等领域。未来，自动化立体仓库还会有更大的发展，越来越多的企业会采用自动化立体仓库。

仓储作业的核心业务在于入库作业、在库管理、出库作业，自动化立体仓库设备的使用可以大幅提高仓储作业的效率，为了更好地完成天星物流中心货物的存储和出入库作业，请同学们以仓管员的身份，结合本节课所学知识，并借助互联网查阅资料，总结自动化立体仓库的入库作业流程、出库作业流程及拣选作业流程。

 **任务实施**

一、自动化立体仓库的构成

活动1：请同学们根据视频内容，思考自动化立体仓库的构成有哪些并填制图 2-2-1。

图 2-2-1　自动化立体仓库的构成

（一）货架

自动化立体仓库货架是用于存储货物的钢结构，主要有焊接式货架和组合式货架两种基本形式。货架上有标准的托盘（货箱），用于承载货物，亦称"工位器具"。

货架的设计是自动化立体仓库设计的一项重要内容，它直接影响自动化立体仓库的面积和空间的利用率。

活动2：请思考自动化立体仓库的货架形式有哪些？货格尺寸如何决定？

_____

_____

_____

_____

_____

_____
_____
_____

活动3：自动化立体仓库货架类型有哪些？

分类标准	具体分类

（二）堆垛机

活动4：什么是堆垛机？堆垛机有什么优势？堆垛机如图 2-2-2 所示。

_____
_____
_____
_____
_____

图 2-2-2　堆垛机

活动 5：堆垛机在自动化立体仓库中是如何运作的？

_____

_____

_____

_____

_____

（三）输送系统

巷道式堆垛机只能在巷道内作业，而货物存储单元在巷道外的出入库需要通过出入库输送系统完成。

活动 6：请同学们思考，常见的输送系统有哪些？

_____

_____

_____

_____

活动 7：请辨认下列图片分别是什么设备。

(   )

(   )

(   )

(   )

（四）操作控制系统

活动 8： 请根据图 2-2-3 的内容，说明自动化立体仓库的操作控制系统是如何运作的？

_____

_____

_____

_____

_____

_____

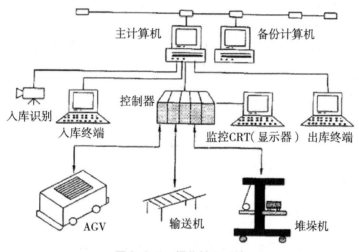

主计算机　　　　　　　备份计算机

入库识别　　控制器

入库终端　　　　　监控CRT（显示器）　出库终端

AGV　　　输送机　　　堆垛机

图 2-2-3　操作控制系统

二、自动化立体仓库作业流程

（一）入库作业流程

活动 9： 请同学们根据视频内容，结合所学知识，将下列空缺内容补充完整。

（1）货物入库时，由_____运送到入库台，货物使用_____进行扫描识读。

（2）条码标签携带的信息被识读，传递给_____，控制系统根据_____返回的信息判断_____。

（3）当能够确定入库时，发送包含_____给执行系统，堆垛机通过_____，将货物存放到指定货格。

（4）完成入库作业后，_____向控制系统返回作业完成信息，并等待接收下一个作业命令。控制系统同时把作业完成信息反馈给中央服务器数据库进行入库管理。

（二）出库作业流程

活动 10：请同学们根据视频内容，结合所学知识，将下列空缺内容补充完整。

（1）管理员在收到生产部门或客户的货物需求信息后，根据要求将货物信息输入_____。

（2）中央服务器将自动进行_____，并按照_____原则生成出库作业，传输到终端控制系统中。

（3）控制系统根据_____状态，安排_____，将安排好的_____发送给_____。

（4）堆垛机_____等待进行下一个作业。

（5）控制系统向中央服务器系统反馈_____，_____，完成出库管理。如果某个货位上的货物已全部出库，则_____。

（三）拣选作业流程

活动 11：请同学们根据视频内容，结合所学知识，将下列空缺内容补充完整。

（1）货物单元拣选出库时，堆垛机到_____。

（2）分拣完成后_____。

 评价反馈

班级				姓名		学号		
任务名称			认知自动化立体仓库					
序号	评价内容	评价考核标准	分值	自评	互评	师评	企评	得分
1	自动化立体仓库的构成	能够列举自动化立体仓库货架的类型	5					
		能够阐述堆垛机的运作流程	10					
		能够辨认常见的输送系统	10					
		能够阐述操作控制系统的运作流程	5					
2	自动化立体仓库作业流程	能够阐述自动化立体仓库的入库作业流程	10					
		能够阐述自动化立体仓库的出库作业流程	10					
		能够阐述自动化立体仓库的拣选作业流程	10					
3	学习能力	具有主观能动性,能自主解决问题	10					
4	工作态度与工作规范	态度端正,无无故缺勤、迟到、早退现象	10					
5	工作效率与质量	能按要求完成工作任务	10					
6	团队合作	与小组成员分工协作、互相帮助	10					
总得分								

 知识链接

一、自动化立体仓库的概念及功能

自动化立体仓库也称为"高架库"或"高架仓库",一般是指采用几层、十几层

乃至几十层高的货架储存单元货物，用相应的物料搬运设备进行货物入库和出库作业的仓库，如图 2-2-4 所示。自动化立体仓库的发展有助于实现高效率物流和大容量储存，适应现代化生产和商品流通的需要。

图 2-2-4　自动化立体仓库

自动化立体仓库具有以下功能：

（1）大量储存。一个自动化立体仓库的货位数可以达到 30 万个，可储存 30 万个托盘，以平均每托盘储存货物 1 吨计算，一个自动化立体仓库可同时储存 30 万吨货物。

（2）自动存取。自动化立体仓库的出入库及库内搬运作业全部实现由计算机控制的机电一体化。

（3）功能齐全。自动化立体仓库的功能可以扩展到分类、计量、包装、分拣、配送等。

> 加快高端标准仓库、智慧立体仓储设施建设，研发推广面向中小微企业的低成本、模块化、易使用、易维护智慧装备。
>
> ——《"十四五"现代物流发展规划》

二、自动化立体仓库的分类

根据中华人民共和国机械行业标准《自动化立体仓库　设计通则》（JB/T 10822—2008）的规定，自动化立体仓库的分类如表 2-2-1 所示。

表 2-2-1　　　　　　　　　　　自动化立体仓库的分类

分类标准	自动化立体仓库类型
根据仓库内部环境条件要求分类	· 普通自动化立体仓库； · 低温自动化立体仓库； · 高温自动化立体仓库； · 防爆自动化立体仓库； · 其他类型自动化立体仓库
根据货位的存储方式分类	· 单深位存储； · 双深位存储； · 多深位存储
根据堆垛机的导轨配置分类	· 直线导轨式； · 曲线导轨式； · 转轨车方式
根据入库货台和出库货台平面位置配置分类	· 一端入出库方式； · 两端入出库方式； · 中间入出库方式
根据入库货台和出库货台的层数分类	· 单层入出库方式； · 多层入出库方式
根据货架结构分类	· 库架合一式； · 库架分离式
根据仓库系统运行分类	· 按运行状态分类：在线状态、离线状态； · 按运行情况分类：正常运行、非正常运行
根据堆垛机运行分类	· 按载人方式分类：载人运行和不载人运行； · 按堆垛机运行模式分类：自动运行、远程控制运行、半自动运行和手动运行

三、自动化立体仓库的布局

自动化立体仓库一般包括：入库暂存区、检验区、码垛区、储存区、出库暂存区、托盘暂存区、不合格品暂存区及杂物区等。规划时，不一定要把上述的每个区域都规划进去，可根据用户的工艺特点及要求合理划分各区域和增减区域。同时，还要充分考虑物料的流程，使物料的流动畅通无阻，这将直接影响自动化立体仓库的能力和效率。典型自动化立体仓库的布局如图 2-2-5 所示。

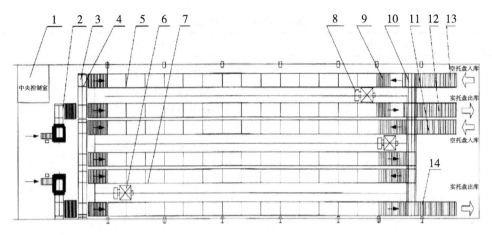

主要设备

1.计算机控制及管理系统；2.自动码垛机；3.入库辊道系统；4.移载机；5.货架系统；6.巷道式堆垛机；7.货架系统；8.巷道式堆垛机；9.升降库台；10.出库辊道系统；11.大托盘（空）入库辊道；12.小托盘（实）出库辊道；13.小托盘（空）入库辊道；14.大托盘（实）出库辊道。

图 2-2-5　典型自动化立体仓库的布局

自动化立体仓库的日常养护。

1. 清洗堆垛机、链条输送机外部污垢及灰尘。

2. 检查是否漏油、漏电，螺栓是否松动，钢丝绳是否有锈蚀现象。

3. 添加润滑油和润滑脂，在指定的润滑位置点加规定型号的润滑脂。

4. 调节钢丝绳和链条的张紧装置，保证有足够的张紧力。

5. 定期检查，并使用软布擦拭各种光电开关及光电通信设备、反射镜表面的灰尘，防止影响传感器工作。

6. 及时更换损坏的元器件，以免对设备造成更大的损害。

7. 维护人员进入巷道内维修时，必须挂警示牌，并做好安全应急措施。

课外阅读

当今世界，综合国力的竞争归根到底是人才的竞争、劳动者素质的竞争。这些年，中国制造、中国创造、中国建造共同发力，不断改变中国的面貌。从"嫦娥"奔月到"祝融"探火，从"北斗"组网到"奋斗者"深潜……这些科技成就、大国重器、超级工程都离不开大国工匠执着专注、精益求精的实干，刻印着能工巧匠一丝不苟、追求卓越的身影。

　　工匠精神是我们宝贵的精神财富，是新时代的精神指引，是中国共产党人精神谱系的重要组成部分。习近平总书记曾在 2020 年召开的全国劳动模范和先进工作者表彰大会上精辟概括工匠精神的深刻内涵——执着专注、精益求精、一丝不苟、追求卓越。

任务三　认知堆垛机设备

任务目标

1. 了解堆垛机的性能参数。
2. 理解堆垛机的分类。
3. 掌握堆垛机的概念与特点。
4. 能够辨认堆垛机的结构。
5. 树立"制造强国"的民族自豪感。

任务描述

　　堆垛机是自动化立体仓库中最重要的起重运输设备，是代表自动化立体仓库特征的标志。天星物流中心欲采购几台堆垛机，以减轻工人的作业量。请同学们观看视频，结合本节课所学知识，并借助互联网查阅资料，总结堆垛机的结构。

　　请同学们扫描右侧二维码，观看视频，了解立体仓库堆垛机安全操作。

任务实施

一、堆垛机构成

堆垛机主要由金属框架结构、载货台、起升机构、水平运行机构、货叉总装机构、安全装置等部件组成。

活动1：图2-3-1是有轨巷道式堆垛机的结构，请同学们将下列结构名称与图中的序号对应。

下横梁	前立柱	载货台	长钢丝绳	上横梁
货叉	地轨装置	短钢丝绳	天轨	后立柱

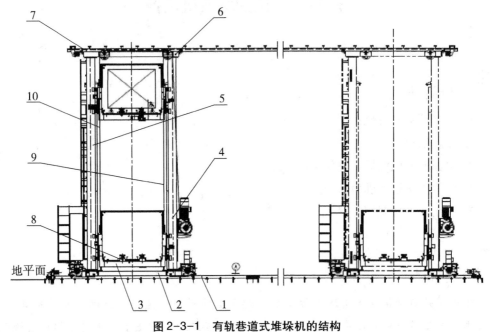

图2-3-1　有轨巷道式堆垛机的结构

（一）堆垛机构成——金属框架结构

活动2：什么是金属框架结构？它的组成结构有哪些？

_____

_____

_____

_____

活动3：图2-3-2为堆垛机的金属框架结构，请同学们说明图中序号所代表的部件名称。

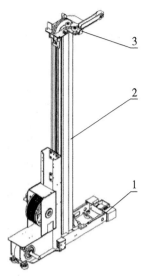

图 2-3-2　金属框架结构

活动 4：金属框架结构的下横梁、立柱、上横梁之间通过法兰、定位销和高强度螺栓连接。请通过连线的方式，找出属于下横梁、立柱、上横梁的组成结构。

水平运行机构	起升机构	高度认址检测片	过载松绳保护装置	终端限位装置

下横梁	立柱	上横梁

运行认址装置	安全梯	限速器	电控柜	定滑轮	上部运行导向轮装置

（二）堆垛机构成——立柱

活动 5：什么是立柱？它的组成结构有哪些？

_____

_____

_____

_____

活动6：图2-3-3为堆垛机的立柱，请同学们说明图中序号所代表的部件名称。

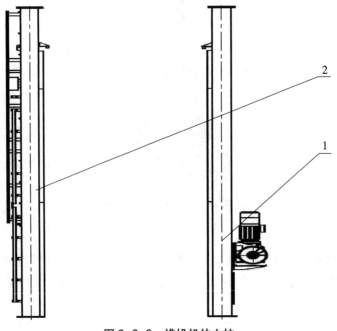

图2-3-3　堆垛机的立柱

（三）堆垛机构成——载货台

活动7：载货台的运作原理是怎样的？

_____

_____

_____

_____

_____

_____

_____

_____

_____

_____

活动 8：图 2-3-4 为堆垛机的载货台，请同学们将下列结构名称与图中的序号对应。

扁线及拖链固定座	检测装置	升降认址装置	钢丝绳提升装置	侧导轮组
框架	防坠装置	减速装置	导轮组	

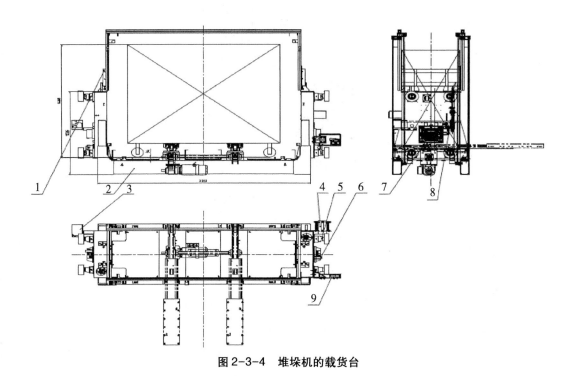

图 2-3-4　堆垛机的载货台

（四）堆垛机构成——起升机构

活动 9：什么是起升机构？它的组成结构有哪些？

_____

_____

_____

_____

_____

_____

_____

活动 10：图 2-3-5 为堆垛机的起升机构，请同学们说明下图序号所代表的部件名称。

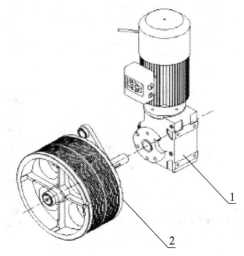

1

2

图 2-3-5　堆垛机的起升机构

（五）堆垛机构成——水平运行机构

活动 11：什么是水平运行机构？它的组成结构有哪些？

_____

_____

_____

_____

_____

活动 12：图 2-3-6 为堆垛机的水平运行机构，请指出箭头所指的部位代表什么部件。

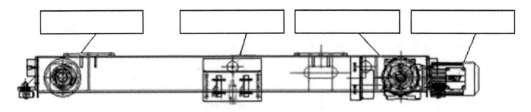

图 2-3-6　堆垛机的水平运行机构

（六）堆垛机构成——货叉总装机构

活动13：什么是货叉总装机构？它的组成结构有哪些？

_____

_____

_____

_____

活动14：图2-3-7为堆垛机的货叉，请同学们将下列结构名称与图中的序号对应。

夹爪机构罩壳	防尘罩	夹爪机构电机	丝杆夹爪机构
拖链及槽板	伸缩机构电机	伸缩机构	

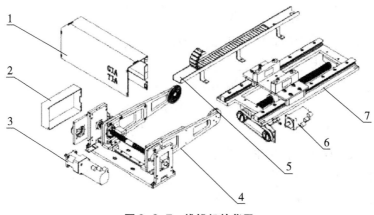

图2-3-7　堆垛机的货叉

（七）堆垛机构成——安全装置

活动15：堆垛机的安全装置有哪些？

_____

_____

_____

_____

_____

_____

_____

_____

_____

_____

_____

_____

_____

_____

_____

_____

二、堆垛机注意事项

（1）在启动堆垛机之前，必须观察周围环境，确认_____才能启动。

（2）在接通主控电路之前，操作人员必须注意_____。

（3）每次使用之前应检查机械和电器各部分，_____。如有不正常情况，应__
_____。禁止_____。

（4）如果在作业过程中因外界原因断电，操作人员必须_____，在重新使用之
前，必须_____。自动控制的堆垛机在重新开始作业时，_____。

（5）堆垛机不得装载_____，所采用的托盘或货箱必须_____。

（6）操作人员操作时，应注意货物_____。

（7）操作人员在作业时应_____。如_____时，不得进行设备操作。

（8）操作人员必须在_____上下堆垛机。

 评价反馈

班级				姓名		学号		
任务名称		认知堆垛机设备						
序号	评价内容	评价考核标准	分值	自评	互评	师评	企评	得分
1	堆垛机构成——金属框架结构	能够辨认堆垛机的金属框架结构，并阐述其构成	10					
2	堆垛机构成——立柱	能够辨认堆垛机的立柱，并阐述其构成	10					
3	堆垛机构成——载货台	能够辨认堆垛机的载货台，并阐述其构成	10					
4	堆垛机构成——起升机构	能够辨认堆垛机的起升机构，并阐述其构成	10					
5	堆垛机构成——水平运行机构	能够辨认堆垛机的水平运行机构，并阐述其构成	10					
6	堆垛机构成——货叉总装机构	能够辨认堆垛机的货叉总装机构，并阐述其构成	5					
7	堆垛机构成——安全装置	能够辨认堆垛机的安全装置，并阐述其构成	5					
8	学习能力	具有主观能动性，能自主解决问题	10					
9	工作态度与工作规范	态度端正，无无故缺勤、迟到、早退现象	10					
10	工作效率与质量	能按要求完成工作任务	10					
11	团队合作	与小组成员分工协作、互相帮助	10					
总得分								

知识链接

一、堆垛机的概念与特点

堆垛机是自动化立体仓库中最重要的运输设备之一，是随着自动化立体仓库的出现而发展起来的专用起重机。堆垛机在库内的巷道中来回穿梭运行，实现货物存入货架和取出。堆垛机如图2-3-8所示。

堆垛机减轻了工人的劳动强度，提高了仓库的利用率和周转率，它具有如下特点。

（1）堆垛机的整机结构高而窄，适合在巷道内运行。

（2）堆垛机有特殊的取物装置，如货叉、机械手等。

（3）堆垛机的电力控制系统具有快速、平稳和准确的特点，保证能快速、准确、安全地取出和存入货物。

（4）堆垛机具有一系列的联锁保护措施。由于工作场地窄小，稍有不慎就会库毁人亡，所以堆垛机上配有一系列机械的和电气的保护措施。

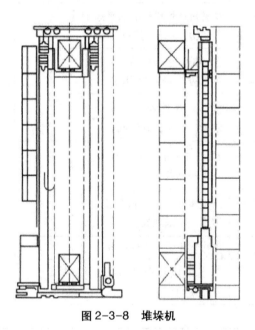

图2-3-8 堆垛机

二、堆垛机的分类

堆垛机根据使用要求，类型多种多样，一般可按以下方式进行分类。

1. 按照有无导轨分类

堆垛机按照有无导轨可分为有轨堆垛机和无轨堆垛机。有轨堆垛机工作时沿着巷道内的轨道运行，其工作轨迹受轨道限制，需配备出入库设备，如图 2-3-9 所示。无轨堆垛机又称高架叉车，是没有轨道的堆垛机，作业时不受轨道限制，其工作范围大，如图 2-3-10 所示。

图 2-3-9 有轨堆垛机

图 2-3-10 无轨堆垛机

2. 按照高度不同分类

堆垛机按照高度不同可分为底层型、中层型和高层型。底层型堆垛机抬升高度小于 5m，主要用于分体式高层货架仓库及简易立体仓库；中层型堆垛机的起升高度在 5~15m；高层型堆垛机的起升高度在 15m 以上，主要用于一体式的高层货架仓库。

3. 按照控制方式分类

堆垛机按控制方式可分为手动式堆垛机（见图 2-3-11）、半自动式堆垛机（见图

2-3-12) 和全自动式堆垛机 (见图 2-3-13)。手动式和半自动式堆垛机有司机室，自动堆垛机没有司机室，它采用自动控制装置进行控制，可以进行自动寻址、自动装卸货物。

图 2-3-11　手动式堆垛机

图 2-3-12　半自动式堆垛机

图 2-3-13　全自动式堆垛机

4. 按照用途不同分类

堆垛机按照用途不同可分为桥式堆垛机和巷道式堆垛机。桥式堆垛机具有起重机和叉车的双重结构特点，由于桥架笨重，因而运行速度受到很大的限制，它仅适用于出入库频率不高或存放长形原材料和笨重货物的仓库，如图 2-3-14 所示。巷道式堆垛机是由叉车和桥式堆垛机演变而来的。巷道式堆垛机的主要用途是在高层货架的巷道内来回穿梭运行，将位于巷道口的货物存入货格或者取出货格内的货物运送到巷道口，如图 2-3-15 所示。

图 2-3-14　桥式堆垛机

图 2-3-15　巷道式堆垛机

5. 按照使用环境分类

堆垛机按使用环境分类可分为常温型堆垛机、低温型堆垛机、高温型堆垛机和防爆型堆垛机等。

三、堆垛机的性能参数

堆垛机的主要性能参数代表堆垛机的工作能力，主要包括起重量和载荷参数、尺寸参数、速度参数、与堆垛机运行有关的参数等。

起重量和载荷参数包括额定起重量、总起重量、堆垛机总质量、堆垛机设计质量和轮压。

尺寸参数包括起升高度、下降深度、起升范围、整机全长、整机全宽、整机全高、货叉中心距、货叉宽度和货叉长度。

速度参数主要包括水平运行速度、升降速度和货叉伸缩速度。

与堆垛机运行有关的参数主要包括运行轨道标高、轮轴距、制动距离、弯轨转弯半径等。

课外阅读

党的二十大提出建设现代化产业体系。坚持把发展经济的着力点放在实体经济上，推进新型工业化，加快建设制造强国、质量强国、航天强国、交通强国、网络强国、数字中国。实施产业基础再造工程和重大技术装备攻关工程，支持专精特新企业发展，推动制造业高端化、智能化、绿色化发展。巩固优势产业领先地位，在关系安全发展的领域加快补齐短板，提升战略性资源供应保障能力。构建优质高效的服务业新体系，推动现代服务业同先进制造业、现代农业深度融合。

任务四　认知穿梭车设备

任务目标

1. 理解穿梭车的概念及特点。

2. 掌握穿梭车的分类。

3. 掌握穿梭车系统的构成。

4. 能够辨别穿梭车的各组成部分。

5. 培养自主创新能力。

任务描述

利用自动化立体仓库设备可实现仓库层高合理化、存取自动化、操作简便化。随着电池、通信和网络等关键技术的发展，穿梭车被迅速应用于物流系统。穿梭车系统作为一种独特的自动化物流系统，主要解决了货物密集存储与快速存取的难题。

天星物流中心欲为仓库配备一批穿梭车，但是目前还不清楚穿梭车与仓库设备的适配度。请同学们以仓管员的身份，观看视频，结合本节课所学知识，并借助互联网查阅资料，总结穿梭车的结构。

 扫一扫

请同学们扫描右侧二维码，观看视频，了解
四向穿梭车结构。

 任务实施

穿梭车主要是由框架总成、驱动总成、从动总成、输送总成、轨道总成、取电总成、控制总成以及车体外壳组成。

活动1：图2-4-1为某穿梭车拆解后的结构，请同学们填写图示框中所代表的部件名称。

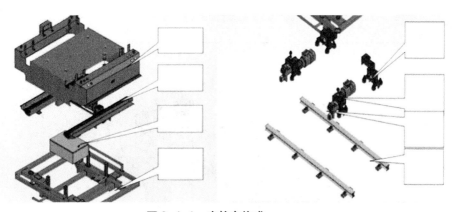

图2-4-1 穿梭车构成

一、穿梭车构成——框架总成

活动2：请结合图2-4-2的内容，说明什么是穿梭车的框架总成。

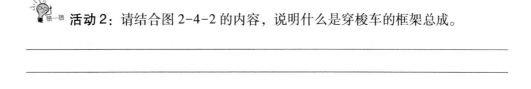

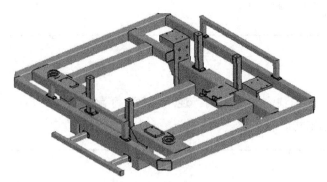

图 2-4-2　框架总成

二、穿梭车构成——驱动总成

活动 3：请结合图 2-4-3 的内容，说明什么是穿梭车的驱动总成？它由什么组成？

_____

_____

_____

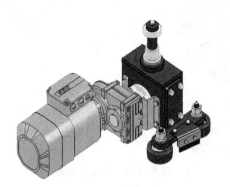

图 2-4-3　驱动总成

三、穿梭车构成——从动总成

活动 4：请结合图 2-4-4 的内容，说明什么是穿梭车的从动总成？它由什么组成？

_____

_____

_____

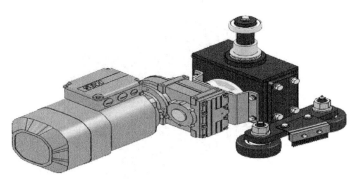

图 2-4-4　从动总成

四、穿梭车构成——输送总成

活动 5：请结合图 2-4-5 的内容，说明什么是穿梭车的输送总成？它由什么组成？

_____

_____

_____

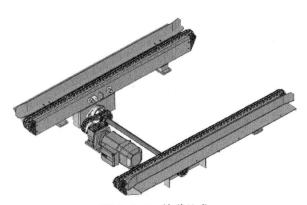

图 2-4-5　输送总成

五、穿梭车构成——取电总成

活动 6：请结合图 2-4-6 的内容，说明什么是穿梭车的取电总成？

_____

_____

_____

图 2-4-6　取电总成

六、穿梭车构成——控制总成

活动 7：请结合图 2-4-7 的内容，说明什么是穿梭车的控制总成？

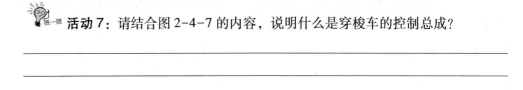

_____

_____

_____

_____

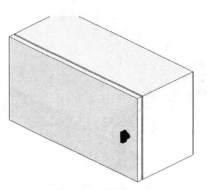

图 2-4-7　控制总成

七、穿梭车构成——轨道总成

活动 8：什么是穿梭车的轨道总成？它由哪些部件组成？

_____

_____

_____

_____

活动9：图 2-4-8 为穿梭车的轨道总成，请说明箭头所指部位代表了什么部件？

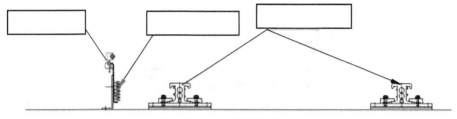

图 2-4-8　穿梭车轨道总成

八、穿梭车车体

活动 10：请结合图 2-4-9 的内容，说明什么是穿梭车车体？它由什么组成？

_____

_____

_____

_____

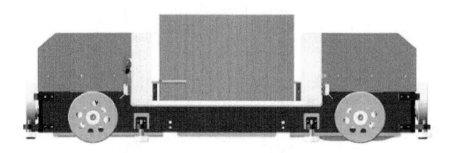

图 2-4-9　穿梭车车体

1. 穿梭车的双联电源开关和紧停开关

双联电源开关按下时将切断_____的电源，但不切断_____。

紧停开关按下时将切断_____，穿梭车再次投入运行时必须使紧停开关_____。穿梭车较长时间停止工作时，应_____。

2. 穿梭车防撞保护报警

穿梭车在运行时，若防撞气囊碰到轨道上的异常障碍物，穿梭车会_____，如图 2-4-10 所示。

图2-4-10　防撞保护报警

活动11：图2-4-11是某款穿梭车的基本结构，请同学们将下列结构名称与图中的序号对应。

紧停开关	穿梭车支撑	端板	车轮 （主动轮）	指示灯	方形光电
防撞头	防撞压力波 检测胶条	车轮 （从动轮）	盖板	面板	双联开关
显示板	铝脚	导向轮	探货光电	侧面光电开关	蜂鸣器

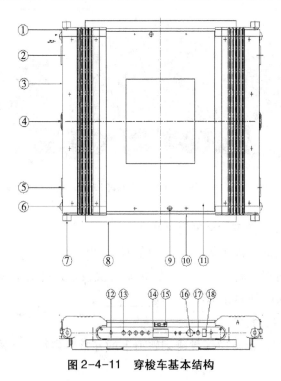

图2-4-11　穿梭车基本结构

评价反馈

班级				姓名			学号		
任务名称			认知穿梭车设备						
序号	评价内容	评价考核标准	分值	自评	互评	师评	企评	得分	
1	穿梭车构成——框架总成	能够阐述穿梭车框架总成的作用	5						
2	穿梭车构成——驱动总成	能够阐述穿梭车驱动总成的作用及构成	10						
3	穿梭车构成——从动总成	能够阐述穿梭车从动总成的作用及构成	10						
4	穿梭车构成——输送总成	能够阐述穿梭车输送总成的作用及构成	5						
5	穿梭车构成——取电总成	能够阐述穿梭车取电总成的作用及构成	10						
6	穿梭车构成——控制总成	能够阐述穿梭车控制总成的作用及构成	10						
7	穿梭车构成——轨道总成	能够阐述穿梭车轨道总成的作用及构成	5						
8	穿梭车车体	能够阐述穿梭车车体的构成	5						
9	学习能力	具有主观能动性，能自主解决问题	10						
10	工作态度与工作规范	态度端正，无无故缺勤、迟到、早退现象	10						
11	工作效率与质量	能按要求完成工作任务	10						
12	团队合作	与小组成员分工协作、互相帮助	10						
总得分									

知识链接

一、穿梭车的概念及特点

穿梭车（Shuttle Car），是物流系统中一种执行往复输送任务的小车，其基本功能是在物流系统（平面内）的轨道上做往复运动，以完成货物单元（主要是托盘和料箱）的输送，如图 2-4-12 所示。穿梭车以往复或者环形方式，在固定轨道上运行，将货物运送到指定地点或接驳设备，并配备智能感应系统，能自动记忆原点位置，自动减速。

图 2-4-12　穿梭车

穿梭车具有以下特点。

（1）车身体积小、速度快、调度灵活、定位精准。

（2）安全性高：主动行走轮上安装条码阅读器，环形轨道安装条码标识，从而穿梭车在弯轨处不会丢步，保证穿梭车行走的安全性。

（3）高效率：穿梭车可以多站台作业，提高了出入库设备的利用率，效率较高。一台穿梭车出现故障时，其他穿梭车可以执行任务，不影响正常作业。

（4）扩展性强：集成了计算机调度管理系统、可编程控制技术、变频伺服驱动、滑触线供电技术，能高效率完成作业任务，适应性强。

二、穿梭车的分类

按照输送货物单元类型，穿梭车可以分为托盘式穿梭车和箱式穿梭车，前者应用于密集存储，后者则应用于拆零拣选；按照作业场地不同，穿梭车可分为输送型穿梭车和存取型穿梭车。穿梭车的分类如图 2-4-13 所示。

穿梭车的作用是解决了两大问题：一是密集存储问题，用穿梭车输送货物可以大幅提升存储密度；二是快速存取问题。

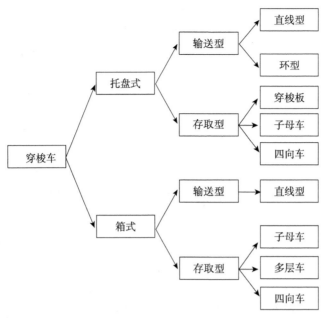

图 2-4-13 穿梭车的分类

三、穿梭车系统的构成

穿梭车系统的基本构成多种多样，一般情况下其系统构成如图 2-4-14 所示。其中，调度系统是至关重要的子系统，有些功能是之前其他物流系统所没有的。

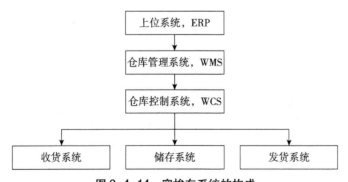

图 2-4-14 穿梭车系统的构成

托盘式穿梭车系统主要用于密集存储，其收货系统主要包括输送机（包括提升机）；储存系统则包括货架、穿梭车、提升机，有些也用提升机完成穿梭车的换层；发货系统包括输送机及拣选系统。托盘式穿梭车系统的构成如图 2-4-15 所示。有些系统比较简单，如穿梭板可以自行构成系统；有些系统则比较复杂，如用机器人完成入库码垛和出库拆垛。

箱式穿梭车系统主要用于"货到人"拣选系统，其收货系统包括收货换箱工作站

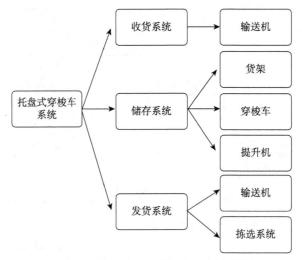

图 2-4-15 托盘式穿梭车系统的构成

和收货输送系统；储存系统包括货架、轨道、穿梭车（包括多层穿梭车、子母车、四向穿梭车）和提升机；发货系统则包括拣选工作站、包装工作站和输送系统，根据实际应用不同，各系统复杂程度有所不同。箱式穿梭车系统的构成如图 2-4-16 所示。

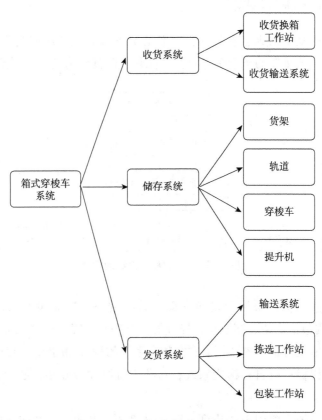

图 2-4-16 箱式穿梭车系统的构成

穿梭车是系统的核心，其构成包括车体和移载机构。其中，多层穿梭车只能完成往复运动，有的穿梭车可以依靠提升机完成换层。四向穿梭车可以完成平面内 x 方向和 y 方向的运动，换层则通过提升机完成。还有一种子母车，母车完成巷道内 x 方向的运动，子车完成 y 方向的运动。各种穿梭车如图 2-4-17 所示。

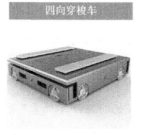

图 2-4-17　各种穿梭车

四、穿梭车的应用

1. 与堆垛机的配合使用

自动化立体仓库也可以用穿梭车提高仓储利用率。堆垛机自动识别穿梭车并分配作业巷道，穿梭车在巷道内存取货物，再由堆垛机完成出入库作业，实现全自动出入库和系统管理。

2. 子母车

母车在横向轨道上运行，并自动识别作业巷道，由子车进行存取作业，在一定程度上提高了系统自动化程度。

3. 多向穿梭车

多向穿梭车可以在横向和纵向轨道上运行，货物的水平移动和存取只由一台穿梭车完成，系统自动化程度大大提高。

任务五　自动化立体仓库的操作使用

 任务目标

1. 理解堆垛机操作人员的要求。
2. 掌握启动堆垛机的注意事项。
3. 掌握堆垛机控制系统的操作。
4. 掌握堆垛机联机自动操作。
5. 能够阐述堆垛机入库作业操作步骤。

6. 能够阐述堆垛机出库作业操作步骤。

7. 能够阐述堆垛机调库作业操作步骤。

8. 树立"创新驱动发展"的意识。

任务描述

利用自动化立体仓库设备可实现仓库层高合理化、存取自动化、操作简便化。自动化立体仓库系统中包含了钢结构、货架、输送系统、堆垛机、搬运设备、码垛设备、控制系统、管理软件及过程所需的专机设备。

自动化立体仓库系统采用集成化物流计算机管理控制系统,并采用激光定位技术、红外通信、现场总线控制、条码扫描等先进技术。WMS(仓储管理系统)可以与 ERP(企业资源计划)系统进行信息交换,功能齐全,性能可靠,真正做到了连接生产与消费。自动化立体仓库系统发挥出越来越重要的作用,在各行各业的仓库和配送中心都有广泛应用。

近日,天星物流中心的自动化立体仓库已经建造完成并正式投入使用。请你以仓管员的身份带领大家参观仓库并讲解自动化立体仓库的运作流程。

任务实施

一、堆垛机入库操作

 活动 1:图 2-5-1 为系统操作界面,请思考如何进入入库操作界面?

_____

_____

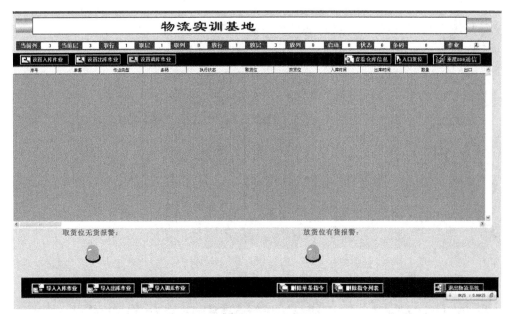

图 2-5-1　系统界面

活动 2：结合图 2-5-2，进入入库申请操作界面后，如何进行入库操作呢?

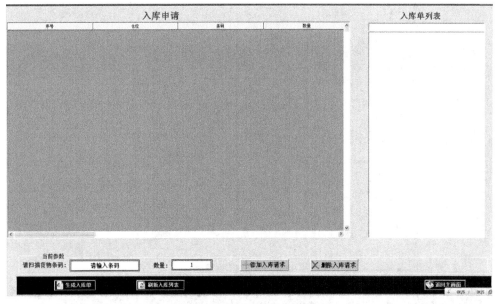

图 2-5-2　入库操作界面

（1）首先点击条码输入框，会弹出条码框，然后_____，按回车键。

（2）接着点击_____按钮，选择入库仓位，如图 2-5-3 所示。

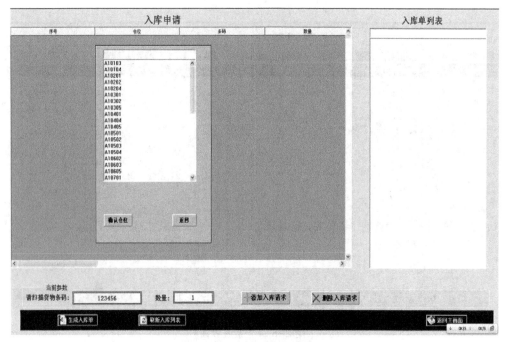

图 2-5-3　添加入库请求

（3）点击_____按钮即可生成一条入库申请，如图 2-5-4 所示。

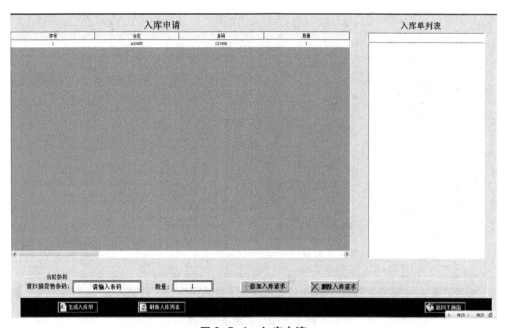

图 2-5-4　入库申请

（4）如果要入库多个货物，则重复操作步骤（2）（3），完成后点击_____按钮，再点击_____，即完成了入库订单的操作，如图2-5-5所示。

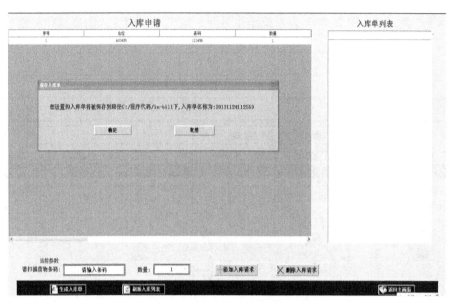

图2-5-5　生成入库单

（5）入库单完成后则可以返回主界面进行入库操作。在主界面上点击_____按钮，选择相应的单据（若只做了一个入库申请单则就是最后一条单据），导入数据后，_____就会启动，货物到达入库台时，_____读到当前入库单据中的条码，_____就会启动入库作业，把货物送到_____。如图2-5-6所示。

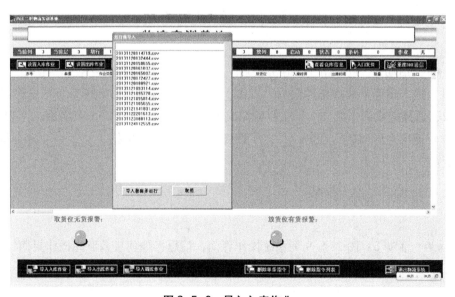

图2-5-6　导入入库作业

二、堆垛机出库操作

活动3：图 2-5-7 为系统操作界面，请思考如何进入出库操作界面？

_____

_____

_____

图 2-5-7　系统操作界面

活动4：进入出库操作界面后，如何进行出库操作呢？

（1）进入出库申请操作界面后，点击_____按钮，然后选择有货的仓位进行出库作业，选择完成后生成_____，就完成了_____。如图 2-5-8 所示。

（2）返回主界面后，点击_____按钮，选择对应的单据，_____就会执行出库作业。

三、堆垛机调库操作

活动5：图 2-5-9 为系统操作界面，请思考如何进入调库操作界面？

在主界面上点击_____按钮，即可进入调库操作。

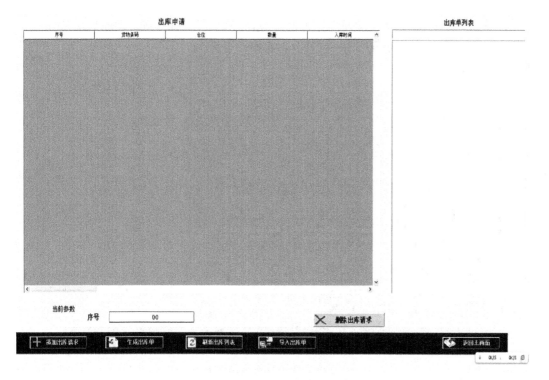

图 2-5-8　导入出库作业

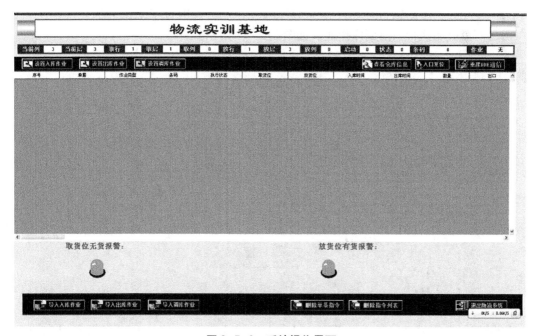

图 2-5-9　系统操作界面

活动6：进入调库操作界面后（见图2-5-10），如何进行调库操作呢？

（1）点击_____按钮，进入调库/移库操作界面。

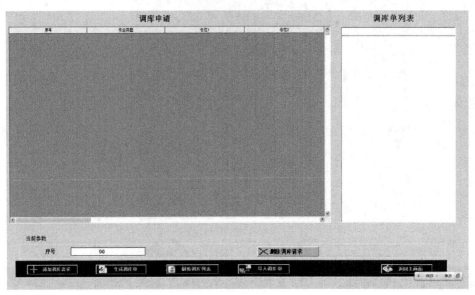

图 2-5-10　添加调库请求

（2）对调是指两个非空仓库的货物进行互换，移库是指将一个非空仓位的货物移到另一个空仓位中。设置好调库作业后生成_____，即可回到主界面，_____，_____就开始执行当前调库作业。如图2-5-11所示。

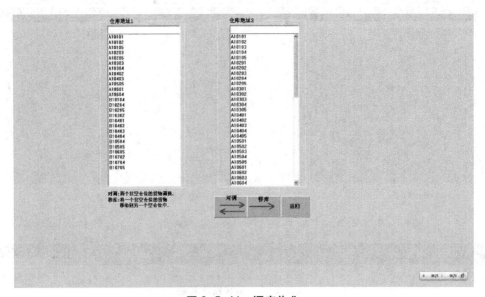

图 2-5-11　调库作业

四、堆垛机仓位信息

 **活动 7**：图 2-5-12 为仓位信息界面，请思考仓位信息都包含哪些信息？

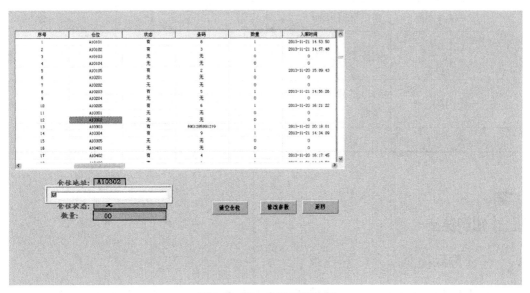

图 2-5-12　仓位信息界面

⭐ 评价反馈

班级				姓名		学号		
任务名称	自动化立体仓库的操作使用							
序号	评价内容	评价考核标准	分值	自评	互评	师评	企评	得分
1	堆垛机入库操作	能进入入库申请操作界面	10					
1	堆垛机入库操作	能进行入库操作	10					
2	堆垛机出库操作	能进入出库申请操作界面	10					
2	堆垛机出库操作	能进行出库操作	5					
3	堆垛机调库操作	能进入调库申请操作界面	10					
3	堆垛机调库操作	能进行调库操作	10					

序号	评价内容	评价考核标准	分值	自评	互评	师评	企评	得分
4	堆垛机仓位信息	能阐述仓位信息包含的内容	5					
5	学习能力	具有主观能动性，能自主解决问题	10					
6	工作态度与工作规范	态度端正，无无故缺勤、迟到、早退现象	10					
7	工作效率与质量	能按要求完成工作任务	10					
8	团队合作	与小组成员分工协作、互相帮助	10					
总得分								

 知识链接

一、堆垛机操作人员的要求

堆垛机是自动化立体仓库的核心设备。堆垛机通过仓库控制系统（WCS）与仓库管理系统（WMS）联机组态，接收到作业指令后，可在巷道内完成水平行走、垂直升降、货叉左右伸缩和升降等动作，进行指定货位货物单元的存取作业，并与分设在巷道端部的输送设备或固定交接货台进行货物单元的交接，组成完整的自动化仓储物流系统，从而实现货物存取、传输和分拣等。因此，只要按下启动电钮，就能遥控堆垛机自动进出库。

对堆垛机操作人员资格有如下规定。

（1）只有下列人员才能操作堆垛机：①指定人员；②在指定人员直接监督下的受训人员；③维修和试车时的工作人员；④检验人员。

（2）操作人员应熟知堆垛机的性能，熟悉各控制操作手柄和按钮。突发事故时应反应灵活，具有果断处理事故的能力。

（3）计算机和微处理机控制下的自动堆垛机的操作人员，应经过专门的培训。

（4）堆垛机属于运动型设备，在操作时注意以下两点：①堆垛机运行期间，严禁在巷道内停留、行走；②联机自动工作模式下，堆垛机上严禁载人。

二、启动堆垛机的注意事项

（1）启动堆垛机之前，必须观察周围环境，确认其附近或巷道中无人时才能启动。

（2）接通主控电路之前，操作人员必须确认所有的控制器均处于断开位置。

（3）每次使用之前应检查机械和电器各部分，应状态良好，功能正常。如有不正常情况，应及时报告，进行检修并做故障记录。禁止在堆垛机不正常的情况下使用自动作业方式。

（4）如果在作业过程中因外界原因断电，操作人员必须立即将所有的控制器均置于断开位置，在重新使用之前，必须检查作业运动的方向是否正确。自动控制的堆垛机在重新开始作业时，可让堆垛机返回原始位置，等待重新设定和作业。

（5）堆垛机不得装载尺寸和重量超过设计规定的载荷，使用的托盘或货箱必须处于良好状态，不合格的不应入库上架。

（6）操作人员操作时，必须注意货物在载货台上是否摆正。

（7）操作人员在作业时应精力集中，如身体不适，不得操作设备。

（8）操作人员必须在指定的位置和登机入口上下堆垛机。

三、堆垛机控制系统的操作

在手动操作模式下，可以分别控制堆垛机的运行部件、升降机部件和货叉部件。操作方法如下。

（1）旋转堆垛机控制柜上的按钮进入手动模式。

（2）手动操作堆垛机控制柜。

堆垛机控制柜的主要作用是控制堆垛机，控制柜上有【向上】【向下】【向前】【向后】【向左】【向右】按钮。例如，用手指按住【向前】按钮，堆垛机就会低速向前行走一个仓位的距离。需要注意的是堆垛机前进、后退的前提是货叉必须回到中位。

上升、下降操作同上。货叉左伸、右伸操作时应注意，只要用手按一下按钮即可。按下急停按钮（出现突发事件时备用）可使货叉随时停止运行。从左、右两侧回叉时按下与之反方向的动作按钮可自行找到中位。

四、堆垛机联机自动操作

堆垛机的联机操作是全自动的操作模式，主要通过控制系统和管理系统下达指令。控制系统下达指令后堆垛机的速度会随着指令自行处理。

堆垛机操作系统界面如图 2-5-13 所示。

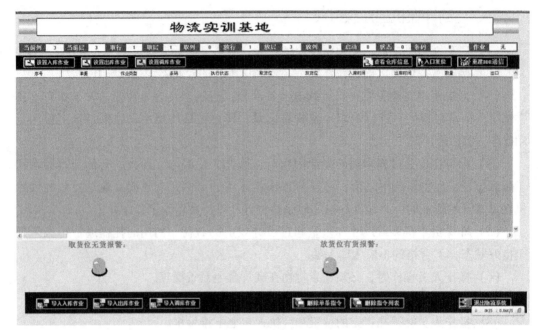

图 2-5-13　堆垛机操作系统界面

（1）操作界面上的当前排、当前列、当前层为当前位置显示。

（2）操作界面上取行、取层、取列、放行、放层、放列就是取货地址和放货地址。

（3）"入口复位"按钮用于将堆垛机复位即出入库台。

（4）图 2-5-13 中的警示灯，红灯显示报警状态，绿灯显示正常工作状态。

课外阅读

科技兴则民族兴，人才强则国家强。

党的二十大报告指出，必须坚持科技是第一生产力、人才是第一资源、创新是第一动力，深入实施科教兴国战略、人才强国战略、创新驱动发展战略，开辟发展新领域新赛道，不断塑造发展新动能新优势。加快实施创新驱动发展战略。加快实现高水平科技自立自强。

项目三　智能装卸搬运设备

案例

　　随着科技的发展，物流机器人的应用提高了物流系统的效率和效益。以苏宁南京云仓的自动托盘堆垛设备为例，其效率是传统高位叉车的4~5倍，而且不需要人员操作就能实现整托商品的自动上下架。"机械化设备的投入，大大地减少了人力需求，降低了人力成本和管理难度，"苏宁物流研究院副院长说，"未来10年内，机器人解决方案有望节约20%~40%的装卸搬运成本。"

　　装卸搬运是物流最常见的功能，它伴随着物流活动的始终，渗透物流各个领域和环节，是连接物流系统中各个物流环节以及同一环节不同物流活动的纽带和桥梁，是物流顺利进行的关键。

　　在现代物流活动中进行装卸搬运活动，必须借助先进的装卸搬运装备才能实现。装卸搬运设备是指搬运、升降、装卸和短距离输送货物的机械设备。它是物流机械设备中非常重要的设备，不仅用于船舶和车辆的货物装卸，而且还用于库场货物的堆码、拆垛、运输以及船舱、车辆、仓库内货物的起重输送和搬运。因此装卸搬运设备的合理配置和使用管理对于提高物流效率、低物流成本、保证物流服务质量发挥着关键作用。

　　本项目我们将一起学习在仓库装卸搬运环节中常用的装卸搬运设备的相关知识。

任务一　认知叉车

任务目标

1. 了解叉车的类型、特点及适用范围。

2. 理解电动叉车的结构。

3. 掌握电动叉车的操作方法与注意事项。

4. 能运用电动叉车完成仓储作业。

5. 树立安全防范意识，严格遵守操作规范，爱岗敬业。

 任务描述

叉车是工业搬运车辆，是指对成件托盘货物进行装卸、堆垛和短距离运输作业的各种轮式搬运车辆。

为了完成天星物流中心出入库作业中的装卸搬运任务，请同学们以叉车司机的身份，结合本节课所学知识，并借助互联网查阅资料，严格遵照电动叉车操作办法，安全、准确地完成布置的作业任务。

 任务实施

请同学们扫描右侧二维码，观看视频，初步了解手动液压搬运车的操作。

一、电动叉车的操作步骤

活动1：各种电动叉车的操作方法基本相同，但由于车型、构造的差别，也都有各自的特点。运行时，必须按照操作规范和正确的操作程序进行操作，否则会造成控制系统自我保护，无法正常运行。请各位同学描述操作叉车的具体步骤，填写以下空格。

1. 行驶前的准备工作

驾驶员在作业前，应严格按照规定穿好_____，严禁、_____、_____穿_____和_____作业，并对电动叉车做好_____工作。具体内容见表3-1-1。

表3-1-1 电动叉车行驶前的准备工作

序号	具体内容
1	蓄电池电解液的液面不得低于隔板；电解液比重应符合要求；蓄电池单体电压不得低于规定电压。电动叉车控制系统有保护蓄电池寿命的功能：当仪表上显示欠压保护时，应及时充电；各电极接头应及时清洁和紧固

序号	具体内容
2	各电线接头应连接紧固，接触良好，阻断器和保险丝应完好，各开关及手柄应在停止位置
3	闭合急停开关，打开电锁，检查仪表、灯光、喇叭等是否工作正常
4	检查转向机构，应灵活轻便
5	检查制动装置，应灵活可靠
6	检查各部轴承及相关运转部件是否润滑良好，动作灵活
7	检查行走部件及叉车液压系统是否工作正常，特别是管路、接头、油缸、分配阀等液压元件有无漏油现象
8	确认货叉、压紧机构、横移机构、起重链、门架等工作良好，使用可靠
9	发现故障，及时排除，绝不带故障出车

2. 起步和行驶过程中的操作

行车前，驾驶员应_____和_____现场、通道以适于叉车起步作业。正确的作业顺序是：以正确姿势坐在驾驶位上→_____→方向开关和加速器处在放松状态→_____→_____→扳好方向开关的位置→_____→_____→缓慢起步并逐渐加速。

严禁在未打开电锁时将加速器踩下超过_____%，否则控制系统将出现"踏板高位"保护，叉车不能启动。当出现"操作顺序"和"踏板高位"保护故障时，关断电锁，重新按照上述操作顺序执行，故障会自动消除。电动叉车行驶时的注意事项如表3-1-2所示。

表 3-1-2　　　　　　　　　　电动叉车停驶时的注意事项

序号	具体内容
1	行驶时应逐渐加速，不允许长时间（　　　　）；会、让车时，应（　）让（　　　）
2	行驶中严禁扳动（　　　　），只有在车停稳后，才能扳动（　　　　）换向。应尽量避免急刹车，如遇紧急情况，应迅速关断急停开关和电锁，踩下制动踏板，即刻停车
3	起步、转弯时要鸣笛，转弯、下坡、路面不平或通过窄通道时，要（　　　）慢行
4	在道路上行驶时，要靠（　　　）通行，叉车货叉应离地（　　　）mm，门架在（　　　）位置；两台车同向行驶时，前后应保持（　　　）以上距离
5	多台叉车在站台上行驶时，前后间距应在（　　　）以上，在较窄站台上同向行驶时严禁（　　　　），且距站台边缘（　　　）mm 以上
6	叉车或牵引车牵引拖车时，禁止连续（　　　　），以免大电流放电和影响安全；无论满载、空载、上坡还是下坡，严禁（　　　），转弯时，应（　　　），以免货物散落，同时要注意内轮差，以防拖车剐碰内侧或驶出路外

序号	具体内容
7	拖车装载高度距车底板不超过（　　　　）m，两边宽度不超出拖车边沿（　　　　）mm
8	一般情况下，叉车行走电机和油泵电机尽量避免同时工作，以延长蓄电池的使用寿命
9	当蓄电池工作电压低于欠压保护时，应停止工作，及时充电
10	行车中如发现异常现象，应立即（　　　　），并及时排除故障；禁止货叉（　　　　）及拖车（　　　　）；严禁带故障行驶

3. 电动叉车停驶后的工作

电动叉车停驶后的工作如表 3-1-3 所示。

表 3-1-3　　　　　　　　　　电动叉车停驶后的工作

序号	具体内容
1	叉车使用完毕后，应及时（　　　　）全车，并停放在合适位置，注意防（　　　　），防（　　　　）、防（　　　　）
2	应关闭（　　　　），关闭（　　　　），将（　　　　）开关和（　　　　）关闭，将（　　　　）落地，并将各油缸活塞杆缩入油缸内，拉上（　　　　）
3	清洁、检查蓄电池，补充蒸馏水，检查和调整电解液比重和蓄电池电压，及时充电
4	检查液压系统的油管、接头、油缸、分配阀、油箱等是否有渗漏现象
5	做好交接班工作，完成班保养项目，特别要做好叉车安全装置的保养，保证其完好状态

二、电动叉车操作的注意事项

活动 2：请问电动叉车作业应遵循的"八不准"原则分别是什么？

（1）不准_____作业。

（2）不准_____长距离行驶。

（3）不准_____的方法取货。

（4）不准用货叉直接铲运_____、_____等危险品。

（5）不准用惯性力_____。

（6）不准用_____流放圆形或易滚物品。

（7）不准在_____或_____上带人作业，货叉升起后_____下严禁站人。

（8）不准在_____上横向行驶。

电动叉车操作的注意事项如表 3-1-4 所示。

表 3-1-4   电动叉车操作的注意事项

注意事项	具体内容
驾驶人员	电动叉车必须由接受过电动叉车操作培训的人员操作，并且通过安全生产监督部门的考核，取得特种操作证，能进行移动和叉取货物的操作演示，同时熟知操作说明书的内容。如果使用的电动叉车是步行控制式的（如步行平衡重式叉车、半电动堆高车、半电动搬运车），则驾驶人员在操作时还必须穿安全鞋。严禁无证操作、严禁酒后驾驶，行驶中不得饮食、闲谈、打电话和使用对讲机，严禁用叉车运输或提升人员
故障和缺陷	电动叉车出现故障或缺陷时，必须马上通知管理人员。如果电动叉车不能安全地操作（如轮子磨损或刹车故障），务必停止使用，直到修理好
修理	没有经过专业培训和明确的授权，禁止驾驶人员修理或更改电动叉车。驾驶人员决不能更改开关和安全装置的安装位置
危险区域	危险区域通常是指以下范围：电动叉车或它的载荷提升装置（如货叉或其附件）正在运输载荷的区域。通常这个范围延伸至载荷降落或车辆附件降落的区域
安全装置和警告标志	安全装置、警告标志以及操作说明书前面的注意事项必须引起足够的重视

 活动 3：请根据下列图中的情景，判断叉车驾驶常见违规现象。

（　　　　）

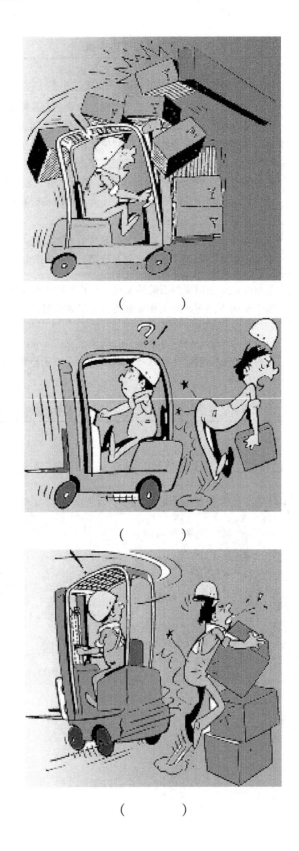

（　　　　）

（　　　　）

（　　　　）

（　　　　）

（　　　　）

评价反馈

班级			姓名		学号			
任务名称			认知叉车					
序号	评价内容	评价考核标准	分值	自评	互评	师评	企评	得分
1	电动叉车的操作步骤	能正确描述电动叉车的操作步骤	20					
2	电动叉车操作的注意事项	能正确说明电动叉车作业应遵循的"八不准"原则	20					
		能正确判断叉车驾驶常见的违规现象	20					
3	学习能力	具有主观能动性,能自主解决问题	10					
4	工作态度与工作规范	态度端正,无无故缺勤、迟到、早退现象	10					
5	工作效率与质量	能按要求完成工作任务	10					
6	团队合作	与小组成员分工协作、互相帮助	10					
总得分								

 知识链接

一、叉车的类型与特点

（一）内燃叉车

内燃叉车一般采用柴油、汽油、液化石油气或天然气为燃料,由发动机提供动力。优点:燃料便宜,功率大,爬坡能力强,作业持续时间长,现在的内燃叉车多为柴油叉车。缺点:柴油叉车在运转时,振动强、噪声大,并且空气污染严重。适用环境:一般适用于室外作业,特别是坡度较大或路面不平的地方,同时适用于作业繁重的环境,因为柴油叉车的起重一般在中等吨位以上。

1. 普通内燃叉车

普通内燃叉车如图 3-1-1 所示，一般采用柴油、汽油、液化石油气或天然气发动机作为动力，载荷能力为 1.2~8.0t，作业通道宽度一般为 3.5~5.0m，考虑到尾气排放和噪声问题，通常用于室外或其他对尾气排放和噪声没有特殊要求的场所。由于燃料补充方便，可实现长时间的连续作业，而且能在恶劣的环境下（如雨天）工作。

2. 重型内燃叉车

重型内燃叉车如图 3-1-2 所示，采用柴油发动机作为动力，承载能力为 10.0~52.0t，一般用于货物较重的码头和钢铁等行业的户外作业。

图 3-1-1 普通内燃叉车　　　　　　　　图 3-1-2 重型内燃叉车

3. 集装箱叉车

集装箱叉车采用柴油发动机作为动力，承载能力为 8.0~45.0t，一般分为空箱堆高机（见图 3-1-3）、重箱堆高机和集装箱正面吊（见图 3-1-4），用于集装箱搬运，如集装箱堆场或港口码头作业。

图 3-1-3 空箱堆高机　　　　　　　　图 3-1-4 集装箱正面吊

4. 侧面叉车

侧面叉车如图 3-1-5 所示，其采用柴油发动机作为动力，承载能力为 3.0~6.0t。在不转弯的情况下，具有直接从侧面叉取货物的能力，因此主要用来叉取长条形的货物，如木条、钢筋等。

图 3-1-5　侧面叉车

（二）电动叉车

电动叉车如图 3-1-6 所示，电动叉车以电动机为动力，蓄电池为能源，承载能力为 1.0~8.0t，作业通道宽度一般为 3.5~5.0m。由于没有污染、噪声小，因此广泛应用于室内操作和其他对环境要求较高的工况，如医药、食品等行业。随着人们对环境保护的重视，电动叉车正在逐步取代内燃叉车。由于每组电池一般在工作 8 小时后需要充电，因此对于多班制的工况需要配备备用电池。

图 3-1-6　电动叉车

优点：电动叉车从启动到运行都比较平稳，且无噪声、无污染，是比较环保的产品。

缺点：需要专门的充电区域和充电设备，耗资比内燃叉车大。由于蓄电池容量有限，一般电动机功率较小，所以应对恶劣路面的能力和爬坡能力都较差。另外，对电控系统的检修也较复杂。

适用环境：对空气洁净度要求较高的环境特别适合使用蓄电池叉车。同时，也要求室内地面平整坚实。

（三）仓储叉车

仓储叉车主要是为在仓库内搬运货物而设计的叉车。除了少数仓储叉车（如手动托盘叉车，也称为手动液压叉车）采用人力驱动，其他都是以电动机驱动的，因其车体紧凑、移动灵活、自重轻、环保性能好而在仓储业得到广泛应用。在多班作业时，电机驱动的仓储叉车需要有备用电池。

1. 电动托盘搬运车

电动托盘搬运车承载能力为 1.6~3.0t，作业通道宽度一般为 2.3~2.8m，货叉提升高度一般在 210mm 左右，主要用于仓库内的水平搬运及货物装卸。电动托盘搬运车包括站驾式（见图 3-1-7）、步行式（见图 3-1-8）和坐驾式三种，可根据效率要求选择。

图 3-1-7 站驾式电动托盘搬运车　　图 3-1-8 步行式电动托盘搬运车

2. 电动托盘堆垛车

电动托盘堆垛车分为全电动托盘堆垛车（见图 3-1-9）和半电动托盘堆垛车（见图 3-1-10）。前者行驶、升降都为电动控制，比较省力；而后者需要人工拉或者推着叉车行走，升降则是电动的。电动托盘堆垛车的承载能力为 1.0~2.5t，作业通道宽度一般为 2.3~2.8m，在结构上比电动托盘搬运车多了门架，货叉提升高度一般在 4.8m 以内，主要用于仓库内的货物堆垛及装卸。

图 3-1-9　全电动托盘堆垛车　　　　图 3-1-10　半电动托盘堆垛车

3. 电动拣选叉车

在某些工况下（如超市的配送中心），不需要整托盘出货，而是按照订单拣选多品种的货物组成一个托盘，此环节称为拣选。按照拣选货物的高度，电动拣选叉车可分为低位电动拣选叉车（2.5m 内，见图 3-1-11）和中高位电动拣选叉车（最高可达 10m，见图 3-1-12）。电动拣选叉车的承载能力为 2.0~2.5t（低位）、1.0~1.2t（中高位，含驾驶室提升功能）。

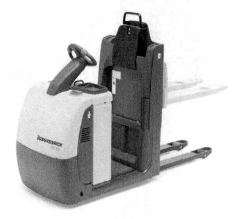

图 3-1-11　低位电动拣选叉车　　　　图 3-1-12　中高位电动拣选叉车

4. 电动牵引车

电动牵引车（拖车）采用电动机驱动，利用牵引能力（3～25t）拉动装载货物的小车，如图3-1-13所示。经常用于车间内或车间之间大批货物的运输，如汽车制造仓库向装配线的运输、机场行李的运输。

图 3-1-13 电动牵引车

二、电动叉车的结构

电动叉车的结构如图3-1-14所示。

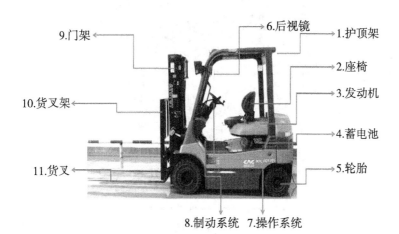

图 3-1-14 电动叉车的结构

其中，操作系统具体包括：方向盘、前进和倒车开关、升降手柄、门架倾斜手柄、油门、转向灯；制动系统具体包括：手刹和脚刹。电动叉车操作系统及手刹如图3-1-15所示，电动叉车脚刹及油门如图3-1-16所示。

方向盘

前进和
倒车开关

手刹

转向灯

升降手柄

门架倾斜
手柄

图 3-1-15　电动叉车操作系统及手刹

脚刹

油门

图 3-1-16　电动叉车脚刹及油门

课外阅读

习近平总书记指出，必须建立健全安全生产责任体系，强化企业主体责任，要把安全责任落实到岗位、落实到人头，坚持管行业必须管安全、管业务必须管安全、管生产经营必须管安全，加强督促检查、严格考核奖惩，全面推进安全生产工作。

要立足岗位、爱岗敬业，不断学习安全知识，努力提高安全技能，学安规、懂安规、用安规，真正成为操作规程的示范员、查找隐患的侦查员、勇于谏言的通讯员、安全文化的宣讲员、生产一线的服务员。

任务二　认知码垛机器人

任务目标

1. 理解码垛机器人的概念。
2. 理解码垛机器人的优点。
3. 掌握码垛机器人的分类。
4. 掌握码垛机器人的系统构成。
5. 能够列举常见的码垛机器人手爪。
6. 能够阐述码垛机器人作业流程。
7. 树立"以人为本"的服务意识。

任务描述

为提升传统装卸搬运的效率，解决物流作业装卸搬运的"瓶颈"问题，人们不断将机械化、自动化、信息化、智能化作业手段应用于装卸搬运领域，装卸搬运沿着机械化、自动化、智慧化发展方向不断进步。

近日，天星物流中心有一批重货要入库，需要用码垛机器人完成码垛任务。请同学们以仓库操作员的身份，结合本节课所学知识，并借助互联网查阅资料，总结码垛机器人的构成，并按照流程完成码垛工作。

任务实施

一、码垛机器人的系统构成

码垛机器人主要由操作机、控制系统、码垛系统（气体发生装置、液压发生装置）和安全保护装置组成。

活动 1：码垛机器人的结构如图 3-2-1 所示，请同学们将下列结构名称与图中的序号对应。

示教器	气体发生装置	底座	真空发生装置
抓取式手爪	机器人控制柜	操作机	—

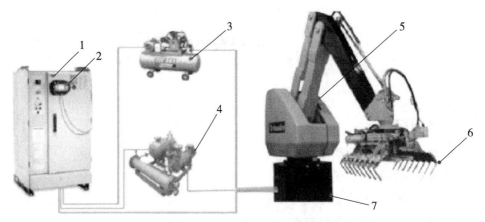

图 3-2-1　码垛机器人的结构

活动 2：以下为常用的码垛机器人手爪，请同学们用连线的方式找出对应的图，并回答其适用范围。

夹抓式机械手爪

夹板式机械手爪

真空吸取式机械手爪

组合式机械手爪

夹抓式机械手爪适用范围：_____

_____

夹板式机械手爪适用范围：_____

_____

真空吸取式机械手爪适用范围：_____

_____

组合式机械手爪适用范围：_____

_____

二、码垛机器人的码垛作业

活动3：请同学们结合所学知识，阐述码垛机器人在收货、包装、分拣发货环节的作业及功能。

1. **收货**（见图 3-2-2 至图 3-2-5）

_____

_____

_____

_____

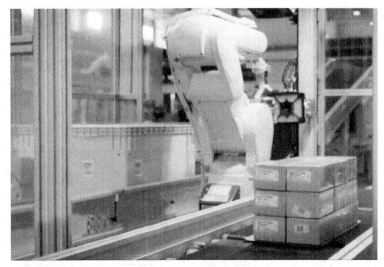

图 3-2-2　体积测定

图 3-2-3　拆垛

图 3-2-4　视觉检验

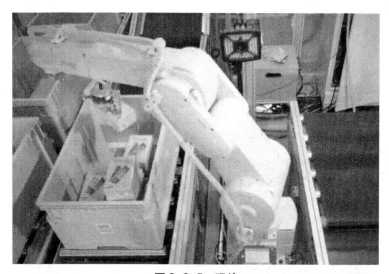

图 3-2-5　码放

2. 存储（见图 3-2-6）

_____

_____

_____

_____

_____

图 3-2-6　存储

3. 包装（见图 3-2-7、图 3-2-8）

_____

_____

_____

_____

_____

图 3-2-7　机器人抓取货物

图 3-2-8　自动打包

4. 分拣发货（见图 3-2-9）

_____

_____

_____

_____

_____

图 3-2-9　供件机器人

 **评价反馈**

班级				姓名		学号		
任务名称			认知码垛机器人					
序号	评价内容	评价考核标准	分值	自评	互评	师评	企评	得分
1	码垛机器人的系统构成	能识别不同类型的码垛机器人	10					
		能辨认码垛机器人的基本结构	20					
2	码垛机器人的码垛作业	能阐述码垛机器人的工作环节	10					
		能阐述码垛机器人各环节的作业内容	20					
3	学习能力	具有主观能动性，能自主解决问题	10					
4	工作态度与工作规范	态度端正，无无故缺勤、迟到、早退现象	10					
5	工作效率与质量	能按要求完成工作任务	10					
6	团队合作	与小组成员分工协作、互相帮助	10					
		总得分						

 知识链接

一、码垛机器人的概念

码垛机器人是在工业生产过程中执行大批量工件、包装件的获取、搬运、码垛、拆垛等任务的一类工业机器人，是集机械、电子信息技术、智能技术等于一体的高新机电产品。如图 3-2-10 所示。

码垛机器人可以集成在任何生产线中，为生产现场提供智能化、机器化、网络化的装卸作业，可以实现多种多样作业的码垛物流，广泛应用于纸箱、塑料箱、瓶类、袋类、桶装、膜包产品及灌装产品等的装卸作业，可配套于三合一灌装线等，对各类瓶、罐、箱、包进行码垛。

图 3-2-10　码垛机器人

二、码垛机器人的分类

常见的码垛机器人结构多为关节式码垛机器人、摆臂式码垛机器人和龙门式码垛机器人。

1. 关节式码垛机器人

关节式码垛机器人有 4~6 个轴，行为动作类似于人的手臂，具有结构紧凑、占地空间小、相对工作空间大、自由度高等特点，适用于大多数轨迹或角度的工作。

2. 摆臂式码垛机器人

摆臂式码垛机器人的坐标系主要由 X 轴、Y 轴和 Z 轴组成，广泛应用于国内外生产厂家，是关节式机器人的理想替代品，但其负载相对于关节式机器人更小。

3. 龙门式码垛机器人

龙门式码垛机器人多采用模块化结构，可依据负载位置、大小等选择对应直线运动单元及组合结构形式，可实现大物料、重吨位搬运和码垛，采用直角坐标系，编程方便快捷，广泛应用于生产线转运及机床上下料等大批量生产过程。

三、码垛机器人的优点

（1）占地面积小，动作范围大，减少资源浪费。

（2）能耗低，运行成本低。

（3）提高生产效率，可实现"无人"或"少人"码垛。

（4）柔性高、适应性强，可实现不同物料的码垛。

（5）定位准确，稳定性高。

（6）操作简单，可在控制柜屏幕上操作。

（7）能够实时调节动作节拍、移动速率、末端执行器动作状态。

（8）可更换不同末端执行器以适应不同形状的物料，方便快捷。

（9）能够与传送带、移动滑轨等辅助设备集成，实现柔性化生产。

课外阅读

在传统生产工作中，需要人工手动操作或者吊装将工件进行码垛，码垛工作繁重且危险性较高，码垛机器人的出现提高了生产工作的效率，大大减轻了技术人员的工作强度。

人是发展的根本目的。提出以人为本的科学发展观，目的是以人的发展统领经济、社会发展，使经济、社会发展的结果与我们党的性质和宗旨相一致，使发展的结果与发展的目标相统一。坚持以人为本，就是要以实现人的全面发展为目标，从人民群众的根本利益出发谋发展、促发展，不断满足人民群众日益增长的物质文化需要，切实保障人民群众的经济、政治和文化权益，让发展的成果惠及全体人民。

项目四　智能拣选设备

拣货作业作为仓库中的重要环节，其效率及正确性直接影响着库存成本和企业的服务质量。如何有效提升作业效率、降低作业人员的误拣率是拣货作业中非常重要的课题。随着人工智能、物联网等技术的发展，现代仓库中信息化、智能化技术的应用越来越普遍，如用机器替代人工，从而提高效率，降低差错率。

那么，在仓库拣选环节，目前都用到了哪些拣选设备？它们又是如何运作的呢？让我们带着这些问题一起来学习本项目的内容。

任务一　认识电子标签拣选系统

 任务目标

1. 了解常见的分拣作业方式。
2. 理解电子标签拣选系统的结构、优势。
3. 掌握电子标签拣选系统的使用方法。
4. 能运用电子标签拣选系统进行拣货作业。
5. 树立科技创新意识，培养善于运用信息化手段解决问题的能力。

 任务描述

随着科学技术的发展，物流业也在不断引进智能化设备，"智能物流"应运而生。拣货作业是仓储物流中心的重要环节，占用成本高，也易出差错，其效率及正确性直接影响着物流公司的服务品质，因此在考虑人工成本及作业效率的前提下，电子标签拣选系统正快速地被大量引进使用。

为了让工人熟悉电子标签拣选系统并尽快学会运用其完成拣货作业，请以天星物流中心拣货员的身份，结合本节课所学知识，并借助互联网查阅资料，总结电子标签拣选系统结构，说明各组成部分的功能，并描述用电子标签拣选系统完成拣货作业的操作步骤。

扫一扫

　　请同学们扫描右侧二维码，观看视频，初步
了解无纸化电子标签拣货系统的拣货方法。

 任务实施

一、电子标签拣选系统的组成

活动1：结合图4-1-1，回答电子标签拣选系统的各组成部分的功能分别
是什么？

（1）WMS系统：_____

（2）控制PC：_____

（3）控制器：_____

（4）连接盒：_____

（5）信号灯：_____

（6）字幕机：_____

（7）电子标签：_____

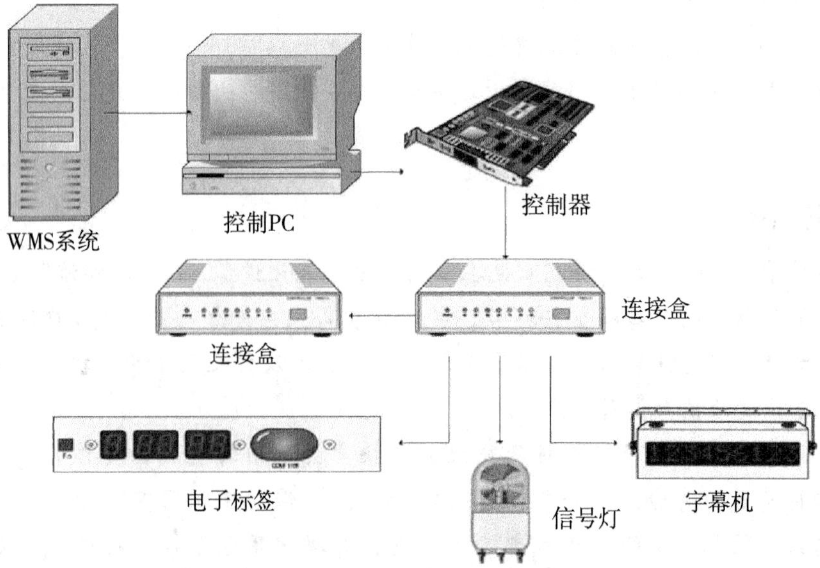

图4-1-1　电子标签拣选系统的组成

二、电子标签拣选系统的操作

活动 2：请说明用电子标签拣选系统完成拣货作业的操作步骤，即补全下列各操作步骤。

步骤一：订单处理

物流中心接到客户订单后，仓管员需要将_____交给信息员进行预处理，信息员会根据订单信息检查_____，安排准备工作。

步骤二：登录仓储管理系统（WMS）

信息员在电脑上打开浏览器，输入对应网址，登录_____。如图 4-1-2 所示。

图 4-1-2　仓储管理系统登录界面

步骤三：生成出库单

1. 录入订单

信息员成功登录系统后，进入如图 4-1-3 所示页面，点击_____按钮，进入如图 4-1-4 所示页面。

图 4-1-3　功能选择界面（1）

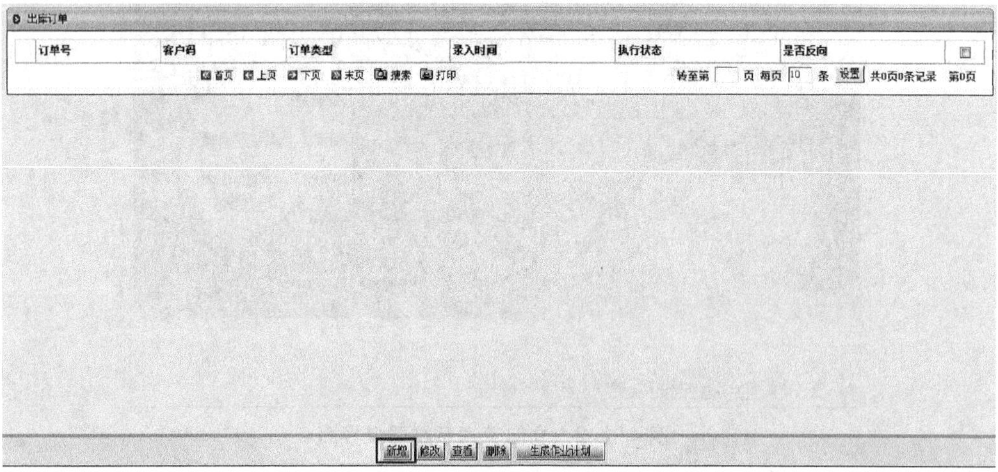

图 4-1-4　新增出库订单界面

点击_____按钮，进入订单录入界面，如图 4-1-5 所示。

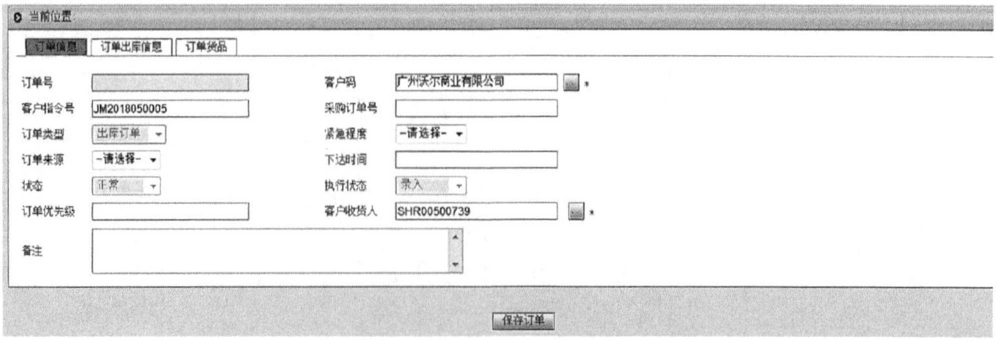

图 4-1-5　订单录入界面

根据客户订单的要求录入正确的_____、_____、_____等信息。确认无误后，点击_____按钮。

如果需要配送操作，在"是否送货"选项中选择"是"，如图4-1-6所示。

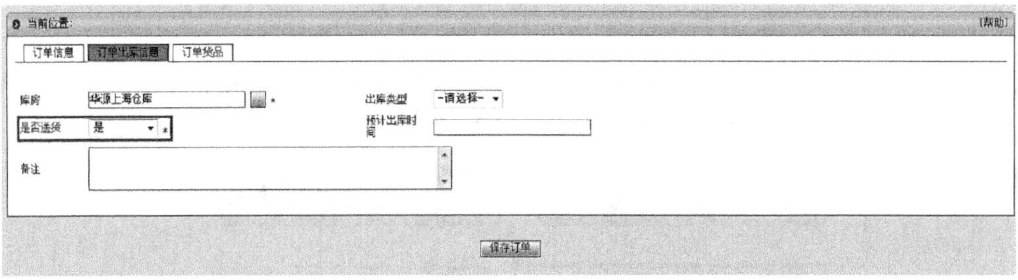

图4-1-6　订单出库确认界面

2. 生成作业计划

选中要操作的订单记录，点击_____按钮，信息核对无误后，点击_____按钮下达作业指令。如图4-1-7和图4-1-8所示。

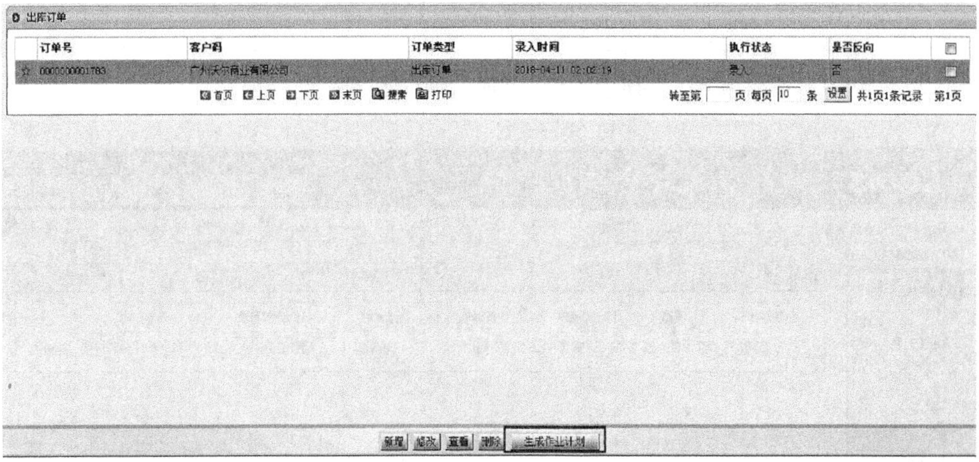

图4-1-7　生成作业计划界面

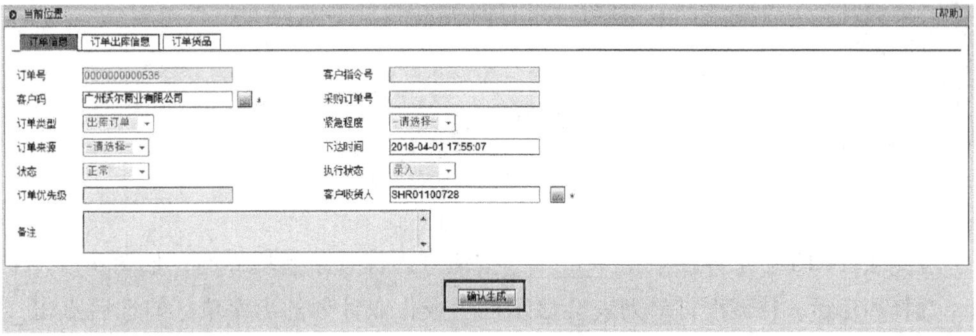

图4-1-8　生成作业计划确认界面

步骤四：生成拣选单

点击_____按钮，进入拣选单信息列表界面，如图 4-1-9 和图 4-1-10 所示。

图 4-1-9　功能选择界面（2）

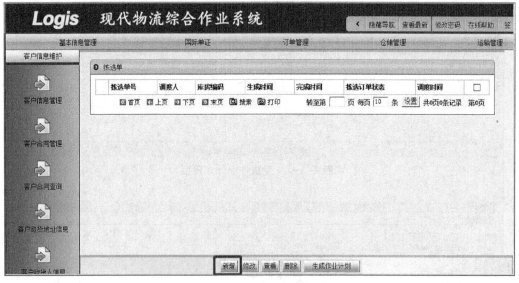

图 4-1-10　拣选单信息列表界面

在图 4-1-10 所示界面点击_____按钮进入拣选单新增界面，如图 4-1-11 所示。选择库房后，待调度订单列表会显示已生成作业计划的出库单，勾选后点击_____按钮。

图 4-1-11 拣选单新增界面

在拣货调度界面中进行拣货调度，点击待拣选结果列表某条记录的【库存】按钮，会在库存列表中显示该货物的库存信息，点击该条库存信息，填写数量，点击_____按钮。拣货调度完毕会在已拣货结果列表显示已拣货信息，如图 4-1-12 所示。

图 4-1-12 拣货调度界面

拣选单新增完毕后，勾选新增的拣选单，点击_____按钮，如图 4-1-13 所示。

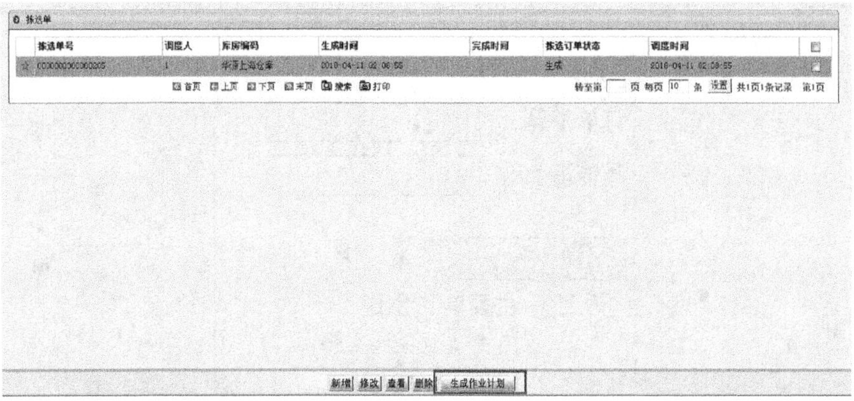

图 4-1-13 已拣货信息界面

步骤五：手持终端 RF（射频）操作

进入_____操作菜单界面，如图 4-1-14 和图 4-1-15 所示。

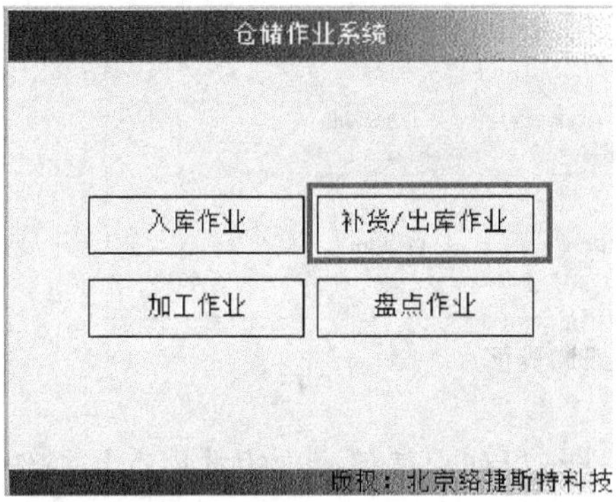

图 4-1-14　手持终端 RF 操作界面（1）

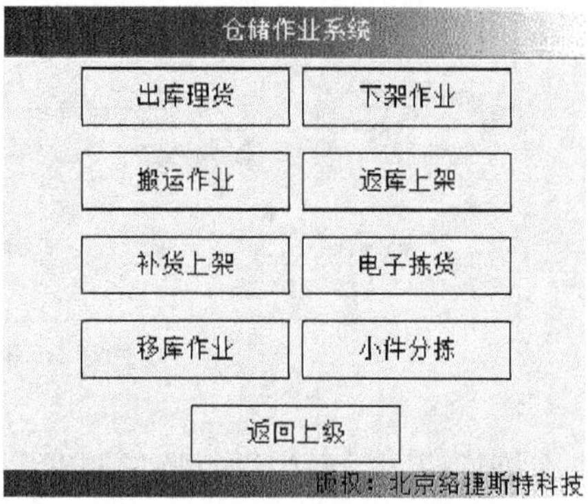

图 4-1-15　手持终端 RF 操作界面（2）

在图 4-1-15 所示界面点击_____按钮，进入如图 4-1-16 所示的出库理货界面，点击_____按钮。

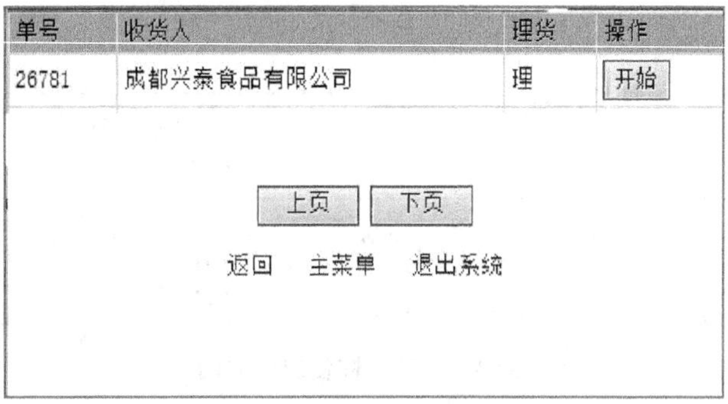

图 4-1-16　出库理货界面

点击图 4-1-15 中的_____按钮，进入如图 4-1-17 所示界面，扫描_____后点击_____按钮。

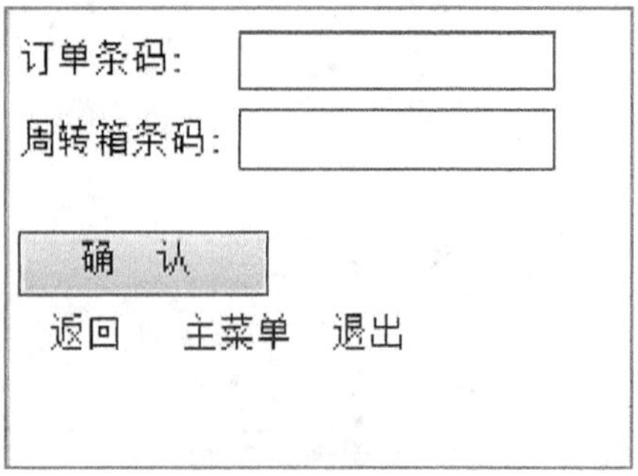

图 4-1-17　订单条码/周转箱条码录入界面

正常情况下，此时电子标签的指示灯将亮起，上面会显示_____。

拣货人员拿着_____到电子拣选货架，根据_____进行拣货操作。

拣选完一种货品后，用手拍灭相应的_____。

当所有的拣选任务结束后，订单结束器上的绿灯会闪烁同时伴有蜂鸣声。将结束器拍灭后，此订单的拣选任务完成。

回到出库理货界面，在任务列表中点击_____按钮，电子拣货操作完成。

评价反馈

班级			姓名		学号			
任务名称		认识电子标签拣选系统						
序号	评价内容	评价考核标准	分值	自评	互评	师评	企评	得分
1	电子标签拣选系统的组成	认识电子标签拣选系统各组成部分并说明其功能	35					
2	电子标签拣选系统的操作	能描述用电子标签拣选系统完成拣货作业的操作步骤	48					
3	学习能力	具有主观能动性，能自主解决问题	4					
4	工作态度与工作规范	态度端正，无无故缺勤、迟到、早退现象	5					
5	工作效率与质量	能按要求完成工作任务	3					
6	团队合作	与小组成员分工协作、互相帮助	5					
总得分								

知识链接

一、常见的分拣作业方式

常见的分拣作业方式如表4-1-1所示。

表 4-1-1　　　　　　　　　　　　常见的分拣作业方式

分拣方式	描述	特点
人工分拣	人工分拣基本靠人力搬运，或者利用简单器具和手推车等进行作业	劳动强度大，效率低，差错率高
机械分拣	机械分拣大多以机械（如输送机）为主要输送工具，通过在各分拣位置配备作业人员进行分拣	投资不多，可减轻劳动强度，提高效率
自动分拣	自动分拣是指货物从进入分拣系统到到达指定位置的所有作业均是按照预先设定的指令自动完成的	能连续、大批量地分拣货物，分拣误差率极低，分拣作业基本实现无人化

二、电子标签拣选系统概述

电子标签拣选系统（DPS），是用一连串装于货架格位上的电子显示装置（电子标签）取代拣货单，指示应拣取的物品及数量，辅助拣货人员作业，减少目视寻找的时间，从而达到有效降低拣货误差率、加快拣货速度、提高工作效率、合理安排拣货人员行走路线等目的的系统，如图 4-1-18 所示。

图 4-1-18　电子标签拣选系统

（一）电子标签介绍

1. 普通型电子标签

普通型电子标签一般由数字显示屏、声发生器、光发生器、确认按钮组成，并可根据实际需要选择字符长度与显示频率、发光颜色和声音强度等。如图 4-1-19 所示。

图 4-1-19 普通型电子标签

2. 特殊电子标签

特殊电子标签是能满足特殊需要的电子标签。例如，分段显示型电子标签，在需要显示多组数字信息的情况下使用，如图 4-1-20 所示；带增加和减少按钮的电子标签，可用于盘点、提示补货等，如图 4-1-21 所示。

图 4-1-20 分段显示型电子标签

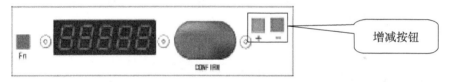

增减按钮

图 4-1-21 带增加和减少按钮的电子标签

（二）电子标签拣选系统的特点

传统拣货模式与电子标签拣选系统的比较如表 4-1-2 所示。

表 4-1-2　　　　　　传统拣货模式与电子标签拣选系统的比较

分拣模式	特点
传统拣货模式	1. 依据拣货单指示，进行拣货作业； 2. 需对储存环境与商品属性有认知； 3. 人员所需的教育和训练时间长； 4. 容易因视觉误差导致拣货错误； 5. 拣货速度慢、效率低

续　表

分拣模式	特点
电子标签拣选系统	1. 提升作业效率，降低分拣成本； 2. 减少前置作业时间并大幅降低差错率； 3. 实现无纸化、标准化作业； 4. 缩短操作人员上线的培训过程

（三）电子标签拣选系统的工作原理

电子标签拣选系统的工作原理是利用电子标签来实现品种和库位指示、出库数量显示及信息确认，最终帮助拣货员完成拣货。具体做法如下。

（1）拣货员无须打印出库单，出库信息直接下载到对应的电子标签。

（2）电子标签发出光、声信号，指导拣货员完成拣货。

（3）拣货员完成作业后，按动电子标签，取消光、声信号，完成信息传回控制系统。

（4）拣货员按其他电子标签指示继续拣货。

电子标签拣选系统使拣货成为一种简单的劳动，拣货员只需要完成三个动作：看/听、拣、按，如图4-1-22所示。

图4-1-22　电子标签拣选系统的工作场景

（四）电子标签拣选系统的工作方式

1. 摘果式

摘果式拣选如图4-1-23所示，该方式具有以下特点。

（1）库内的每种商品都应配置电子标签。

（2）按客户别拣货，拣货时，每次只处理一个客户。按电子标签指示完成拣货后，该客户订单完成。

（3）要求用户已实现基本信息管理手段，库位管理到最小货位。

（4）可设置多个拣货区，提高效率。

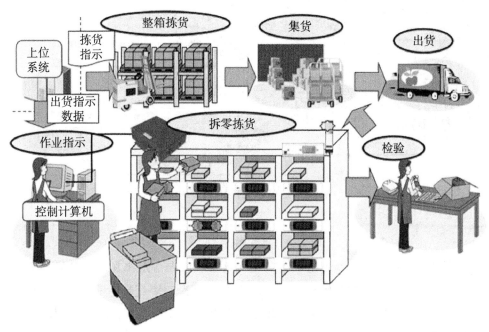

图 4-1-23 摘果式拣选

2. 播种式

播种式拣选如图 4-1-24 所示，该方式包含两个作业环节。第一个环节，按商品别拣货，此时可不使用电子标签；第二个环节，按客户别分货，需要为每个客户配备电子标签货位。电子标签为分货员提供位置指示和数量显示，指导分货完成。分货时每次处理一个品种、多个客户。可设置多个分货区，提高效率。

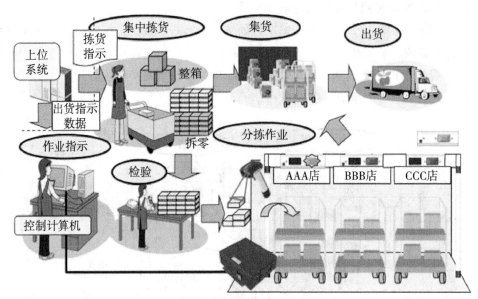

图 4-1-24 播种式拣选

课外阅读

以习近平同志为核心的党中央高度重视互联网和信息化发展。习近平总书记提出，要善于运用互联网技术和信息化手段开展工作。当前环境下，信息技术快速发展，传播格局不断重塑，能够准确把握信息传播环境的变化与规律，运用网络了解民意、开展工作，是新形势下领导干部做好工作的基本功。

在改革创新的时代，新技术的发展和应用既带来挑战，也带来机遇。随着以人工智能、大数据、5G为代表的前沿技术不断跨越瓶颈，数字化已成为当前推进国家治理体系和治理能力现代化的重要驱动力，成为促进政府管理和社会治理模式创新的新引擎，重要性不断凸显。

任务二　认知智能拣选 AGV

 任务目标

1. 了解智能拣选 AGV 的运作模式。

2. 理解智能拣选 AGV 的导航原理。

3. 掌握 AGV 的概念及分类。

4. 理解智能拣选 AGV 各组成部分的作用。

5. 了解智能拣选 AGV 的基本结构。

6. 树立民族自豪感和科技创新意识。

 任务描述

随着电子商务的迅猛发展以及消费者消费习惯和消费模式的改变，拆零拣选作业量越来越大，要求也越来越高。拣货作业的速度与准确性往往决定着订单履行效率与客户服务质量，因此，如何加快拣货速度越来越受到企业的关注。现阶段，具有较高的拣选效率和存储效率，同时又能大幅减少人工、降低劳动强度的"货到人"拣选系统正成为行业主流，越来越多地应用于拆零拣选作业，继亚马逊 Kiva 机器人系统后，京东、菜鸟、Geek+（极智嘉）都陆续推出了"货到人"拣选系统。

为了满足业务需要，提升拣选效率，天星物流中心采购了一批智能拣选 AGV。请以天星物流中心拣货员的身份，结合本节课所学知识，并借助互联网查阅资料，总结智能拣选 AGV 的内部结构，并说明各组成部分的作用。

请同学们扫描右侧二维码，观看视频，了解"货到人"拣选 AGV 拣选出库、打包出库的工作内容。

 任务实施

智能仓储机器人系统的基本结构包括 7 个方面，如图 4-2-1 所示。

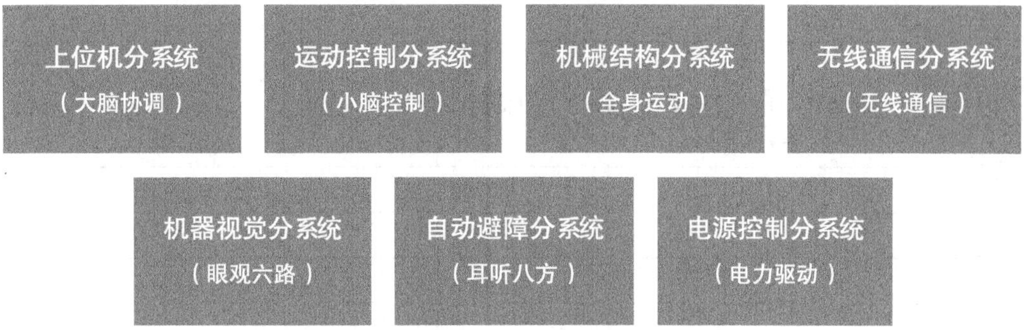

| 上位机分系统（大脑协调） | 运动控制分系统（小脑控制） | 机械结构分系统（全身运动） | 无线通信分系统（无线通信） |

| 机器视觉分系统（眼观六路） | 自动避障分系统（耳听八方） | 电源控制分系统（电力驱动） |

图 4-2-1 智能仓储机器人系统的基本结构

一、上位机分系统

 活动 1：什么是上位机分系统？它的作用是什么？

_____

_____

 活动 2：工控机属于上位机分系统，请指出图 4-2-2 中哪个是工控机？

_____

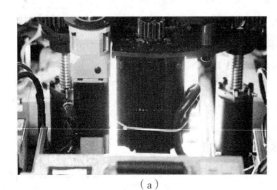 

（a）　　　　　　　　　　　（b）

图 4-2-2　工控机识别

 活动 3：上位机分系统的主要功能包括什么？

_____

_____

_____

 活动 4：什么是内存？什么是闪存？

_____

_____

_____

 活动 5：什么是 CPU？什么是 GPU？

_____

二、运动控制分系统

活动 6：什么是运动控制分系统？它的作用是什么？

活动 7：电控箱属于运动控制分系统的一部分，请指出图 4-2-3 中哪个是电控箱？

（a）　　　　　　　　　　　　　　　　（b）

图 4-2-3　电控箱识别

活动 8：请思考运动控制分系统的主要功能包括哪些？

活动 9：运动控制分系统是由哪些部分组成的呢？请描述下表中各图片的名称及作用。

表 4-2-1　　　　　　　　　运动控制分系统各组成部分名称及作用

图片	名称	作用

三、机械结构分系统

活动 10：什么是机械结构分系统？它的作用是什么？

_____

_____

_____

活动 11：结合图 4-2-4 的内容，说明机械结构分系统由哪些部分组成？

_____

_____

_____

_____

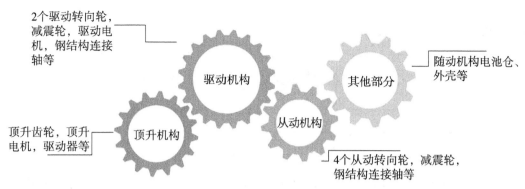

图 4-2-4　机械结构分系统

四、无线通信分系统

活动 12：什么是无线通信分系统？它的作用是什么？

_____

_____

_____

_____

活动 13：智能拣选 AGV 是如何与其他机器人、中控服务器以及手持终端进行通信的呢？请将图 4-2-5 中的通信媒介填写完整。

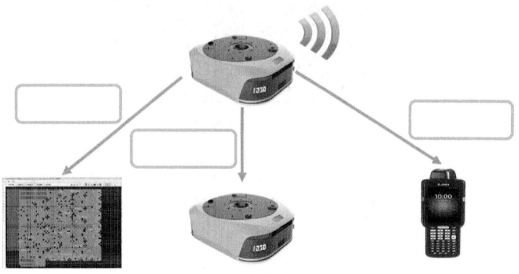

图 4-2-5　智能拣选 AGV 的通信体系

五、机器视觉分系统

活动14：什么是机器视觉分系统？它的作用是什么？

_____

_____

_____

活动15：机器视觉分系统的组成包括哪些？请指出图4-2-6中数字标出部位是什么？

_____

_____

_____

_____

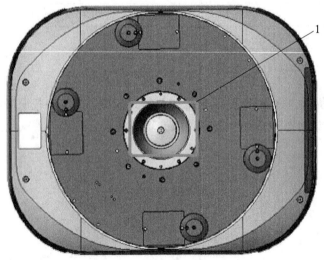

图4-2-6　机器视觉分系统

活动16：图像处理器根据从下视摄像头获取的数据，利用光流法计算位移数据，并将该数据反馈至运动控制板。请利用互联网收集资料，说明什么是光流法？

_____

_____

_____

_____

六、自动避障分系统

活动 17：什么是自动避障分系统？它的作用是什么？

_____

_____

_____

活动 18：查找资料，说明自动避障分系统的组成有哪些？各自具有什么特点或功能？

_____

_____

_____

_____

_____

_____

_____

七、电源控制分系统

活动 19：什么是电源控制分系统？它的作用是什么？

_____

_____

_____

_____

活动 20：电源控制分系统包括电源板、继电器、充电电池等。请说明图 4-2-7 中哪个是智能拣选 AGV 的电池？

_____

_____

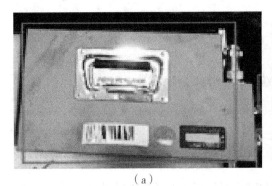 

（a）　　　　　　　　　　　　　（b）

图 4-2-7　智能拣选 AGV 电池识别

 评价反馈

班级				姓名		学号		
任务名称		认知智能拣选 AGV						
序号	评价内容	评价考核标准	分值	自评	互评	师评	企评	得分
1	上位机分系统	能阐述上位机分系统的主要功能及组成	10					
2	运动控制分系统	能阐述运动控制分系统的主要功能及组成	10					
3	机械结构分系统	能阐述机械结构分系统的主要功能及组成	10					
4	无线通信分系统	能阐述无线通信分系统的主要功能	5					
5	机器视觉分系统	能阐述机器视觉分系统的主要功能及组成	10					
6	自动避障分系统	能阐述自动避障分系统的主要功能及组成	10					
7	电源控制分系统	能阐述电源控制分系统的主要功能及组成	5					
8	学习能力	具有主观能动性，能自主解决问题	10					
9	工作态度与工作规范	态度端正，无无故缺勤、迟到、早退现象	10					
10	工作效率与质量	能按要求完成工作任务	10					
11	团队合作	与小组成员分工协作、互相帮助	10					
总得分								

知识链接

一、AGV 的概念及分类

（一）AGV 的概念

AGV（Automated Guided Vehicle），即"自动导引运输车"，是指装有电磁或光学等自动导引装置，能够沿规定的导引路径行驶，具有安全保护以及各种移载功能的运输车，如图 4-2-8 所示。AGV 是自动化物流系统中的关键设备之一，它以电池为动力，能够独立自动寻址，并通过计算机系统控制，完成无人驾驶的搬运作业。AGV 是自动化/半自动化仓库的重要基础设施之一，通过 AGV 可以实现库内搬运、分拣等作业的自动化，能够节省人力，提升效率。

图 4-2-8　AGV

（二）AGV 的分类

按导引方式的不同，可将 AGV 分为固定路径导引方式及自由路径导引方式两大类。

1. 固定路径导引方式

固定路径导引方式多是指在行驶的路径上设置信息媒介物作为导引，AGV 通过检測其信息而得到導引，例如，直接坐標導引、電磁導引、磁帶導引、二維碼導引等，如表4-2-2所示。

表4-2-2　固定路徑導引方式

導引方式	原理	優點	缺點
直接坐標導引	將AGV的前進區域劃分為若干小區域，這些小區域用坐標進行標注，AGV通過計數對各個區域實現導引	對行駛環境無過多要求，能夠實現路徑的改變，導引可靠性強	導引精確度不高，且地面測量、安裝較為複雜，所以無法實現複雜路徑的行走要求
電磁導引	在AGV的行駛路徑埋設金屬導線，並加載低頻、低壓的導引電流，使導線周圍產生磁場，AGV上的感應線圈通過對導引磁場強弱的識別和跟蹤，實現對AGV的導引	引線隱蔽，不易污染和破損，導引原理簡單可靠，製造成本較低	路徑的複雜性有限，不便於擴充或更改，容易受到干擾
磁帶導引	磁帶導引與電磁導引原理相近，不同之處在於磁帶導引是以在地面上鋪貼磁帶的方式，通過磁帶感應信號實現AGV導引	定位精確，靈活性比較好，改變或擴充路徑較容易，成本也較低	易受環路周圍金屬物質的干擾，磁帶易受機械損傷，且AGV只能按磁帶路徑行走，因此在路徑變更時需要重新鋪設磁帶
二維碼導引	AGV通過攝像頭掃描地面鋪設的二維碼，通過解析二維碼信息獲取當前的位置信息	定位精確，小巧靈活，鋪設、改變路徑較容易，便於控制通信，抗聲光干擾	路徑需要定期維護，如果場地複雜，則需要頻繁更換二維碼，對陀螺儀的精度及使用壽命要求嚴格，對場地平整度有一定要求，價格相對較高

2. 自由路徑導引方式

自由路徑導引方式是指在AGV上儲存尺寸坐標，可以自動識別車體當前方位，然後自主決定行駛路徑的導引方式，包括激光導引、慣性導引、視覺導引、GPS（全球定位系統）導引等方式，如表4-2-3所示。

表 4-2-3 自由路径导引方式

导引方式	原理	优点	缺点
激光导引	在 AGV 行走的路径周围铺设反射板,AGV 发射激光束,通过连续的三角几何运算,确定 AGV 的具体位置。这种方式导引的精确度由 AGV 和反射板共同决定	定位精准,路径灵活多变,适应性较强,能够满足多种现场环境	造价成本高,对环境的光线、地面、设备反光面有一定要求,且反射板与 AGV 的激光扫描器之间不能有障碍物
惯性导引	将惯导仪、加速度计及陀螺仪等安装在 AGV 上,同时在行驶区域中安装一些定位模块,系统根据测得的信号,计算 AGV 在各个方向的位移确定 AGV 当前的位置	定位较准确,灵活性强,便于组合,适用领域广	陀螺仪对振动较敏感,地面条件对 AGV 的可靠性影响很大,维护成本高,地面需要安装辅助定位块
视觉导引	在 AGV 上安装摄像机,AGV 在行驶过程中通过视觉传感器采集图像信息,并通过对图像信息的处理确定 AGV 的当前位置(识别给定路标)	路线设置灵活,适用范围广,人工成本低	价格高,技术不成熟,容易受光线干扰
GPS 导引	通过卫星对非固定路面系统中的控制对象进行跟踪和制导	通常用于室外远距离的跟踪和制导,其精度取决于卫星在空中的固定精度和数量,以及控制对象周围环境等因素	成本比较高

二、智能拣选 AGV 的结构

智能拣选 AGV 一般通过搬运标准化拣选货架到达拣选工位,结合人工拣选,实现"货到人"操作,能够减少人工走动,并提升拣选准确率,如图 4-2-9 所示。因此,基于 AGV 的半自动化拣选系统,一般配有智能拣选 AGV、AGV 调度系统、拣选工位及 AGV 充电站等设备。

图 4-2-9　智能拣选 AGV

1. 顶部认知

智能拣选 AGV 的顶部展现的是整个小车的顶升部分的结构，顶部通过四个卡扣固定货架，防止货架在运动过程中发生偏移，避免货物掉落，如图 4-2-10 所示。

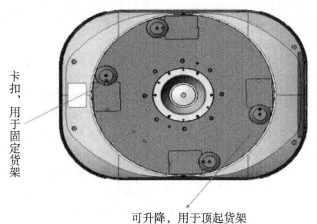

卡扣，用于固定货架

可升降，用于顶起货架

图 4-2-10　智能拣选 AGV 顶部

2. 外观认知

智能拣选 AGV 的外观如图 4-2-11 所示，其具体功能如下。

（1）二维码指示灯：闪烁表示在码上，常亮表示不在码上。

（2）安全雷达：用于避障，180°开口，视野较大。

（3）电机指示灯：闪烁表示电机开启，常亮表示电机关闭。

（4）托盘按钮：检测托盘是否正常。

（5）电机按钮：检测电机是否正常。

（6）急停按钮：紧急情况下断电。

（7）自动充电头：用于自动充电。

（8）手动充电插口：用于手动慢充。

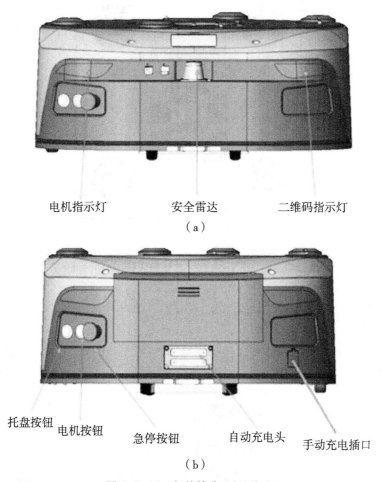

电机指示灯　　　安全雷达　　　二维码指示灯

（a）

托盘按钮　电机按钮　　急停按钮　　自动充电头　手动充电插口

（b）

图 4-2-11　智能拣选 AGV 外观

三、智能拣选 AGV 的导航原理

智能拣选 AGV 一般采用二维码导航，如图 4-2-12 所示。二维码标签中存储了轨迹及位置信息，扫描二维码模组的条码以实现自动识别、采集和数据传输功能，AGV 能够进行辅助定位和轨迹跟踪，提高自动化效率。通过二维码识别设备和 AGV 的控制技术，结合相关算法，能够解决 AGV 在应用过程中的路径规划和防碰撞问题，从而实现仓储物流中 AGV 的自动引导和定位，另外，可以利用多 AGV 协同作业提高工作效率，降低人工成本。

在实际操作中，二维码标签可按照行列排布在地面，二维码的读写模块设置于 AGV 上，AGV 在运行时，可通过读写模块获取当前位置地面的二维码标签存储的轨迹及位置信息。二维码导航技术具有成本低、读写速度快、可粘贴、信息量充足等优点。

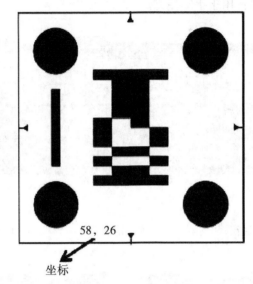

图 4-2-12　二维码导航

四、智能拣选 AGV 的运作模式

智能拣选 AGV 的运作环境构成包括：地面二维码、AGV、充电桩、拣货台、工作站和调度系统，如图 4-2-13 所示。

图 4-2-13　智能拣选 AGV 的运作环境构成

　　智能拣选 AGV 接到指令后，自行到存放相应商品的货架下，将货架顶起，随后将货架拉到拣货台进行拣货。

　　拣货人员完成拣货后，智能拣选 AGV 再将货架拖到货架区存放，并自动归巢。

　　智能拣选 AGV 可以相互协作执行同一个订单拣货任务，也能独自执行不同的拣货任务，既协同合作，又独立运行。

课外阅读

　　2022 年 9 月 6 日北京时间 19 点，神舟十四号乘组三位中国航天员与非洲青少年进行了一场"天宫对话"，活动面向全球直播，华为云会议成功支持了本次活动并与非洲各国视频连线，华为云会议基于华为云实时音视频（SparkRTC），提供了高清视频、超低延时、云端协同的专业云会议服务。

　　民族自豪感与国家科技发展的关系是密不可分、相互促进的。国家取得科技发展成就，让国人感到自豪；而对国家的自豪感，会令更多人，特别是青少年愿意投身于科技事业，进一步推动国家的发展，报效祖国。

任务三　　"货到人"拣选工作站补货上架作业

任务目标

1. 掌握工作站的硬件设备与软件系统。
2. 能够自主指定要调度的货位信息。
3. 能够选择待补货位。
4. 能够扫描商品，完成商品上架。
5. 树立"科技为民"的意识。

任务描述

　　在传统仓库中，拣货区的补货主要依靠人工进行，那么"货到人"拣选工作站是如何进行补货的呢？

　　为了完成天星物流中心的拣选作业，请同学们以拣货员的身份，结合本节课所学知识，并借助互联网查阅资料，总结"货到人"拣选工作站补货上架作业的工作过程。

任务实施

一、调度货架

活动 1：自主补货需要先调度符合条件的货架到达补货站，那么如何调度呢?

（1）打开工作站首页，然后选择_____，输入账号、密码登录，如图 4-3-1 所示。

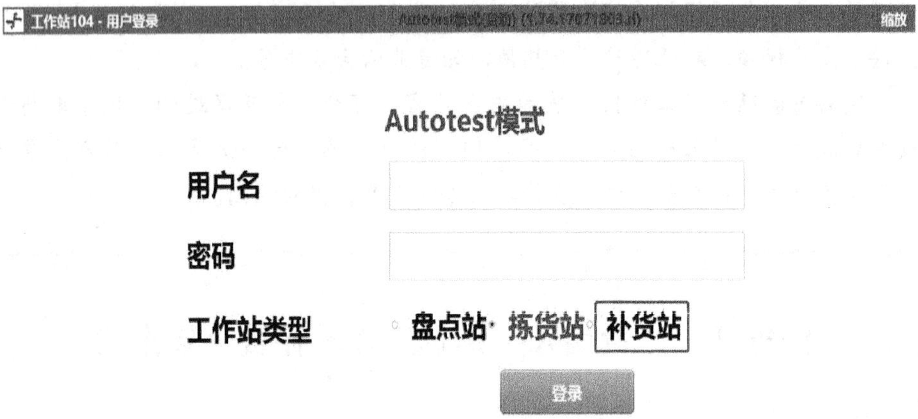

图 4-3-1　工作站首页

（2）在补货站界面，点击右侧_____按钮，如图 4-3-2 所示。

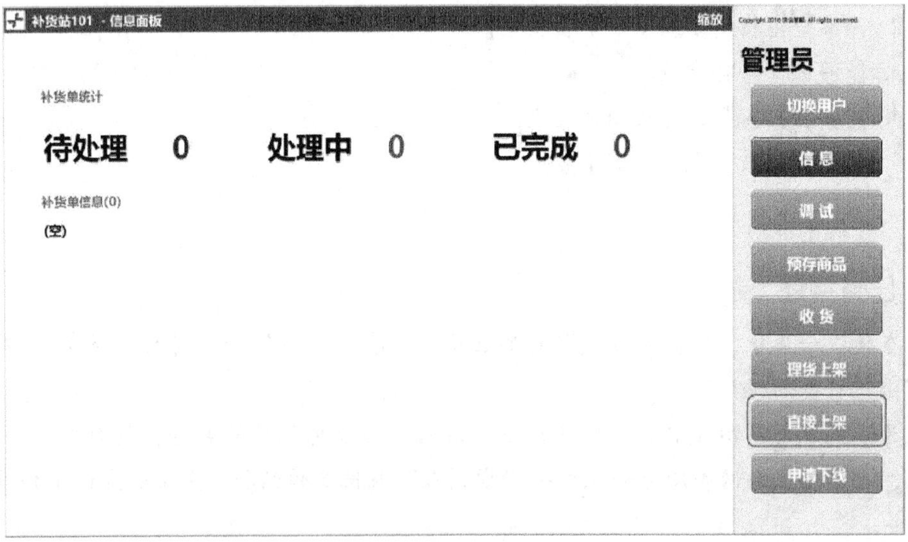

图 4-3-2　补货站界面（1）

（3）进入＿＿＿＿＿＿＿界面，如图4-3-3所示。请根据自己的理解解释以下名词。

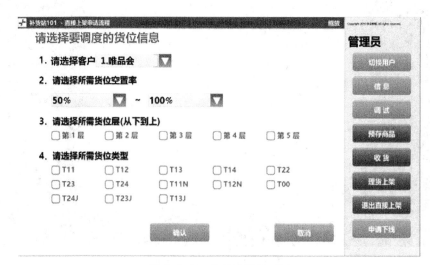

图4-3-3　补货站界面（2）

◆ 客户：＿＿＿＿＿＿＿＿＿＿＿＿＿＿＿＿＿＿＿＿＿＿＿＿＿＿＿＿＿＿＿

◆ 货位空置率：＿＿＿＿＿＿＿＿＿＿＿＿＿＿＿＿＿＿＿＿＿＿＿＿＿＿＿＿

◆ 货位层：＿＿＿＿＿＿＿＿＿＿＿＿＿＿＿＿＿＿＿＿＿＿＿＿＿＿＿＿＿＿

◆ 货位类型：＿＿＿＿＿＿＿＿＿＿＿＿＿＿＿＿＿＿＿＿＿＿＿＿＿＿＿＿

其中，【货位层】、【货位类型】全不选的话，即默认不做要求。

点击【确认】，返回补货站主界面，提示"正在调度货架，请稍后……"，如图4-3-4所示。查看中控，可以看到中控调度货架到工作站，默认是调度3个货架，如图4-3-5所示。

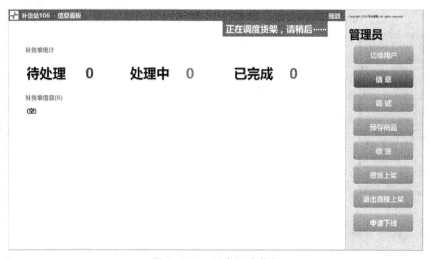

图4-3-4　正在调度货架

— 135 —

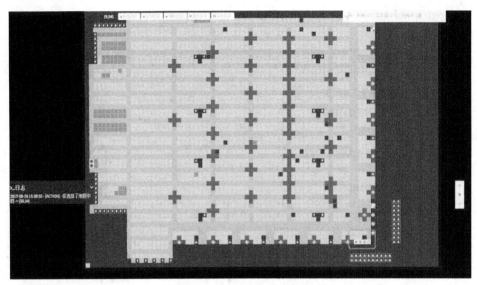

图 4-3-5　中控调度货架

二、商品上架

活动 2：调度货架到达补货站后，需要进行商品上架操作，如何上架商品呢？

（1）当智能拣选 AGV 载着货架到达补货站后，工作站弹出_____界面，如图 4-3-6 所示。

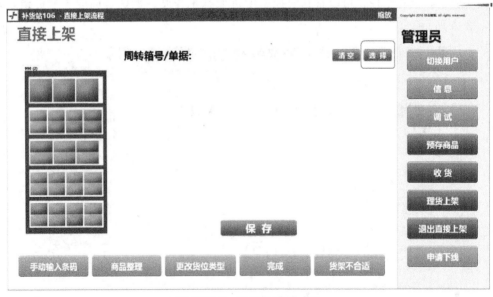

图 4-3-6　补货站界面（3）

（2）点击界面右上角的_____按钮，跳转至_____界面，如图 4-3-7 所示。

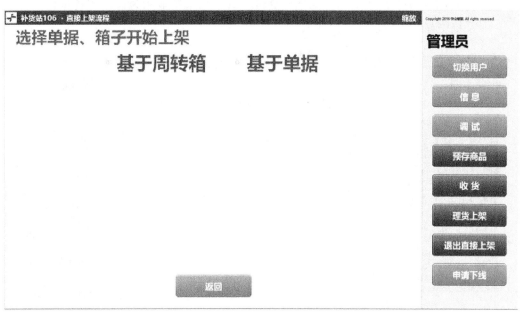

图 4-3-7　补货站界面（4）

（3）选择_____按钮，系统界面列出_____；选择_____按钮，系统界面列出_____，如图 4-3-8 所示。

图 4-3-8　补货站界面（5）

（4）点击对应箱号的_____按钮，显示_____。

（5）在图4-3-9所示界面左侧选择货位，其中系统中显示为蓝色的货位代表_____，系统中显示为绿色的货位代表_____。

图4-3-9 补货站界面（6）

点击【货架不合适】按钮，工作站弹出维护待调度的货架信息界面，重新维护待调度货架信息，再点击【确认】按钮，车辆送回当前货架，之后重新调度符合条件的货架前往工作站。

（6）选中后该货位在系统中显示为_____色，若该货位已存在商品，则在右侧会列出_____，如图4-3-10所示。

三、扫描商品

活动3：确定了上架货位后，如何扫描商品并完成上架呢？

（1）扫描_____或手动_____，该商品出现在货位对应商品列表中，且默认显示_____，如图4-3-11和图4-3-12所示。

图 4-3-10 补货站界面（7）

图 4-3-11 补货站界面（8）

图 4-3-12　补货站界面（9）

（2）如当前货位不能装入所有商品，点击_____，可更改_____，如图 4-3-13 所示。

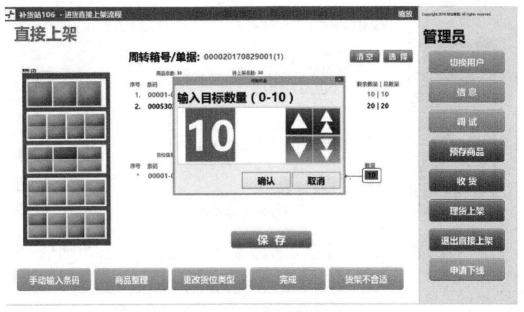

图 4-3-13　补货站界面（10）

（3）完成商品扫描、数量确认并放入货位后，点击_____按钮，该商品上架成功，当前任务结束，商品数据录入系统；点击_____按钮，智能拣选 AGV 送走当前货架。

（4）完成补货上架作业后，点击＿＿＿＿＿按钮，待 UI（用户界面）不再提示调度货架，成功退出。

 评价反馈

班级				姓名		学号			
任务名称		"货到人"拣选工作站补货上架作业							
序号	评价内容	评价考核标准	分值	自评	互评	师评	企评	得分	
1	调度货架	能够自主指定要调度的货位信息	20						
2	商品上架	能够选择待补货位	20						
3	扫描商品	能够扫描商品，完成商品上架	20						
4	学习能力	具有主观能动性，能自主解决问题	10						
5	工作态度与工作规范	态度端正，无无故缺勤、迟到、早退现象	10						
6	工作效率与质量	能按要求完成工作任务	10						
7	团队合作	与小组成员分工协作、互相帮助	10						
总得分									

 知识链接

一、"货到人"拣选工作站设备认知

工作站是指作业人员执行作业过程辅助设备的组合，包含硬件设备和软件系统，如图 4-3-14 所示。

图 4-3-14　工作站

1. 工作站硬件设备

"货到人"拣选工作站硬件设备包括播种墙框架、电子标签、周转箱、激光云台、触摸屏、小键盘、手持扫描枪、标签打印机等，如图 4-3-15 所示。

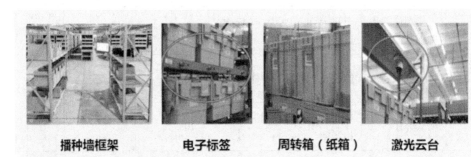

播种墙框架　　　　电子标签　　　　周转箱（纸箱）　　　激光云台

工作站硬件

触摸屏、小键盘　　　手持（大眼睛）扫　　　标签打印机
　　　　　　　　　　描枪

图 4-3-15　工作站硬件设备

2. 工作站软件系统

"货到人"拣选工作站的软件系统一般包含三个模块：补货站、拣货站和盘点站。三个模块的功能清单如图4-3-16所示。

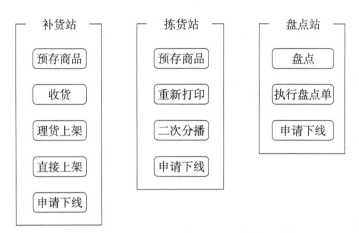

图4-3-16 补货站、拣货站、盘点站的功能

补货上架任务需要启用补货站模块，如图4-3-17所示。

图4-3-17 补货站

二、自主补货的流程

自主补货是工作站上架人员自主指定要调度的货位信息，智能拣选AGV搬运符合条件的货架前往补货站，操作人员选择补货单据后，先选择待补货位，再扫描商品并将其放入货位，最终确认后，完成商品上架，如图 4-3-18 所示。

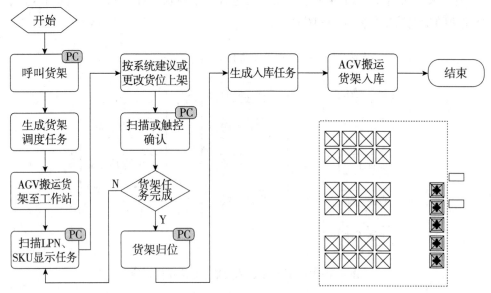

注：LPN—注册容器编码；SKU—最小存货单位；PC—计算机。

图 4-3-18　自主补货上架作业流程

课外阅读

　　"货到人"拆零拣选作业几乎没有行走路程，其作业平台充分考虑人体的舒适度，有的还能对平台高度随意调节，以适应不同身高作业人员的需求，劳动强度大大降低。此外，"货到人"拣选系统还具有安全存储、快速存储等诸多优势，是传统拣选系统所不可比拟的。

　　习近平总书记强调，要把满足人民对美好生活的向往作为科技创新的落脚点，把惠民、利民、富民、改善民生作为科技创新的重要方向。在实际工作中，我们要坚持以习近平新时代中国特色社会主义思想为指导，推动科技创新与产业升级深度融合，加强科技创新成果的转化和应用，使科技创新惠及全体人民。

任务四　"货到人"拣选工作站拣选出库作业

 任务目标

1. 了解 WMS 功能。

2. 掌握常见的拣货作业模式。

3. 熟悉智能拣选 AGV 的拣货出库作业流程。

4. 能够在 WMS 中创建订单。

5. 能够执行智能机器人工作站的拣货出库作业任务。

6. 树立"信息共享"的意识。

任务描述

商品的拣货出库作业，是仓库根据业务部门或存货单位开出的商品出库凭证，按其所列商品编号、名称、规格、型号、数量等项目，组织商品出库的一系列工作的总称。

目前天星物流中心仓库需要利用 WMS 手动创建如下订单，并将任务下发到工作站，两类商品库存充足，系统配置最终以快递单结束。请同学们以仓库单证员的身份，结合本节课所学知识，并借助互联网查阅资料，总结智能机器人与拣货人员是如何协作完成该拣货出库任务的。

订单号：2020052401

客户名：唯品会

拣货商品 1：美即花漾美肌礼包 5 片装，2 个

商品 SKU 编号：6457057837235

拣货商品 2：新菁英纤长卷翘睫毛膏 8.5g，3 个

商品 SKU 编号：6653398430796

收件人信息：李明，北京市朝阳区八里庄街道金色悦城小区，100020，1529864××××

图 4-4-1 创建订单信息

任务实施

一、WMS 创建（接收）订单并生成调度任务

活动 1：如何在 WMS 中创建出库单？

（1）登录 WMS 后，选择_____界面并点击_____按钮，进入出库订单界面，如图 4-4-2 所示。

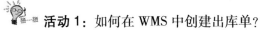

图 4-4-2 订单管理

（2）进入系统后，会自动加载_____，并且在列表上方标记各状态商品的数量，如图4-4-3所示。

图4-4-3　订单列表

（3）点击_____按钮进入订单输入界面，如图4-4-4所示。

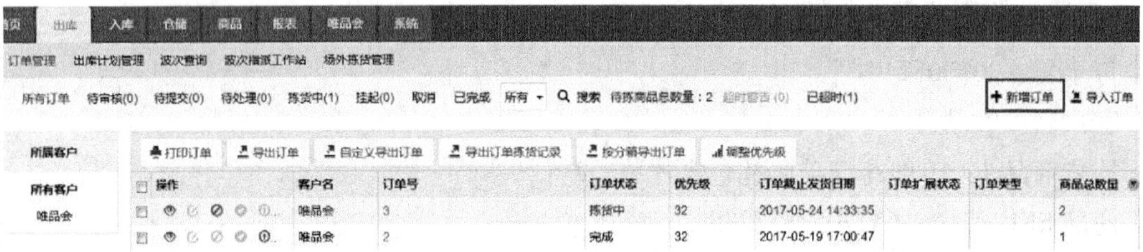

图4-4-4　订单输入界面

（4）首先输入_____，其中_____、_____为必输入字段，其他信息可按需要输入。按照任务描述中的信息，在WMS中输入，客户名：_____，订单号：_____，同时添加收货人信息。如图4-4-5所示。

（5）输入订单明细信息。按照任务描述中的信息，在WMS中输入商品1的信息，SKU编号：_____，数量：_____，"批次"在需要_____的时候再输入；输入拣货商品2的信息，SKU编号：_____，数量_____。

（6）全部商品明细都输入完成后，点击_____按钮保存本订单，也可以点击_____按钮同时完成保存和提交。如图4-4-6所示。

订单管理　出库计划管理　波次查询　波次指派工作站　场外拣货管理

新增订单

订单信息

客户名*
--请选择--

订单号*

订单日期
2017-05-24 16:01

总金额

是否淘宝订单

外部门单状态

备注

可分箱

订单类型
--请选择--

订单截止发货日期
2017-05-24 17:00

发货地址信息

发货信息
--请选择--

发货人名称

发货人电话

发货地址

发货邮编

收货信息

收货店铺
--请选择--

收货人

收货人电话

收货地址

收货邮编

图 4-4-5　输入订单信息

商品信息

SKU编号或者外部商家编号

批次

数量

+ 添加商品　✕ 删除商品

☐　商品编号　批次　数量　已拣数量　分拣区库存　备货区库存　商品名称　外

返回　保存　保存并提交

图 4-4-6　输入商品信息

（7）在订单列表界面点击_____按钮，可提交订单。提交成功的订单，不可撤销。如图 4-4-7 所示。

图 4-4-7　提交订单

（8）确定需要提交后，系统进行_____，当全部商品库存都满足时，系统_____，提交成功后，订单状态变为_____。调度系统会调度智能拣选 AGV 搬运货架到工作台完成拣货。如图 4-4-8 所示。

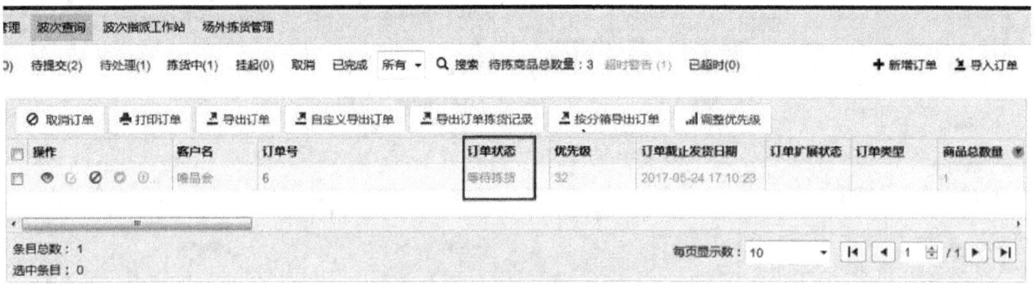

图 4-4-8　订单状态改变

二、执行工作站拣货任务

活动 2：工作站系统模块包括盘点站、拣货站和补货站，如图 4-4-9 所示。本次任务应该选择哪个模块呢？本次任务的拣货作业模式又属于哪种呢？

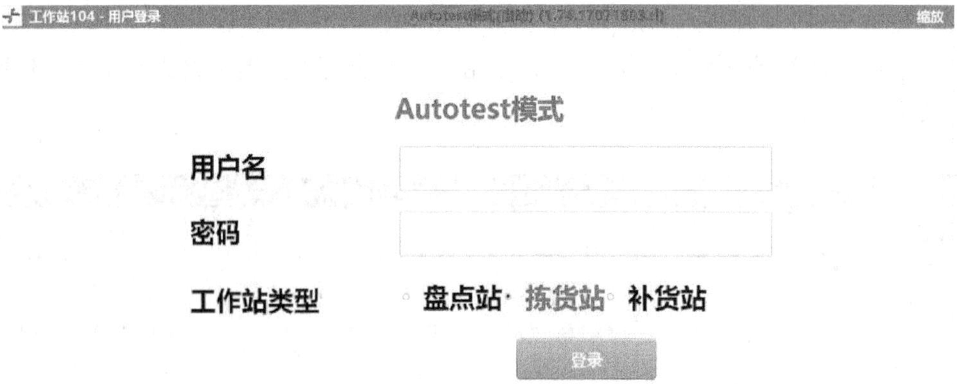

图 4-4-9　登录界面

活动 3：请同学们观察图 4-4-10，说明拣货站信息面板包含了哪些信息。

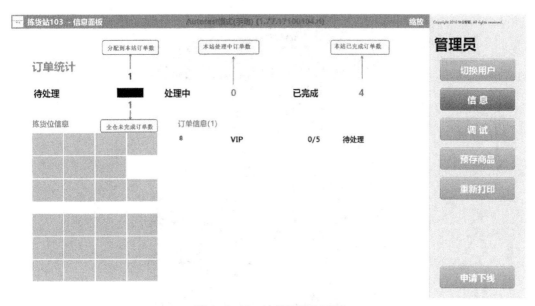

图 4-4-10　拣货站信息面板

活动 4：请同学们根据下列提示，完成商品 1 的工作站拣货作业。

从货架上取货并且扫描，当智能拣选 AGV 搬运货架到达_____时，_____界面显示_____等信息，如图 4-4-11 所示。分配给该订单的拣货位指示灯变_____，工作站激光器会准确指示到_____，如图 4-4-12 所示。

图 4-4-11　拣货站界面

图 4-4-12　当前操作的货位

从系统提示货位将该商品按照_____取出，用扫描枪_____（通过
界面上的_____按钮可手工输入条码代替外部扫描设备）；每成功扫描一件，界面已
扫码数量_____，工作站实体拣货位指示灯闪烁、蜂鸣_____，将该商品放
入_____。如图 4-4-13 所示。

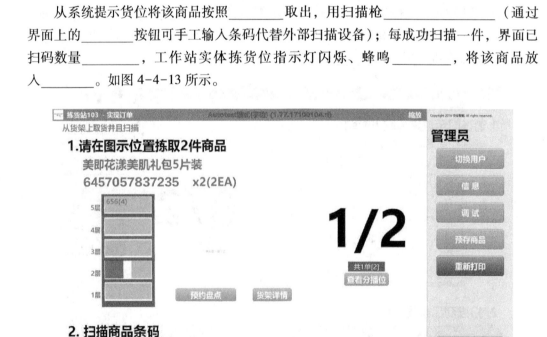

图 4-4-13　扫描商品

当完成当前界面拣货扫描操作后，跳转至_____界面，且对应_____
_____。如图 4-4-14 所示。

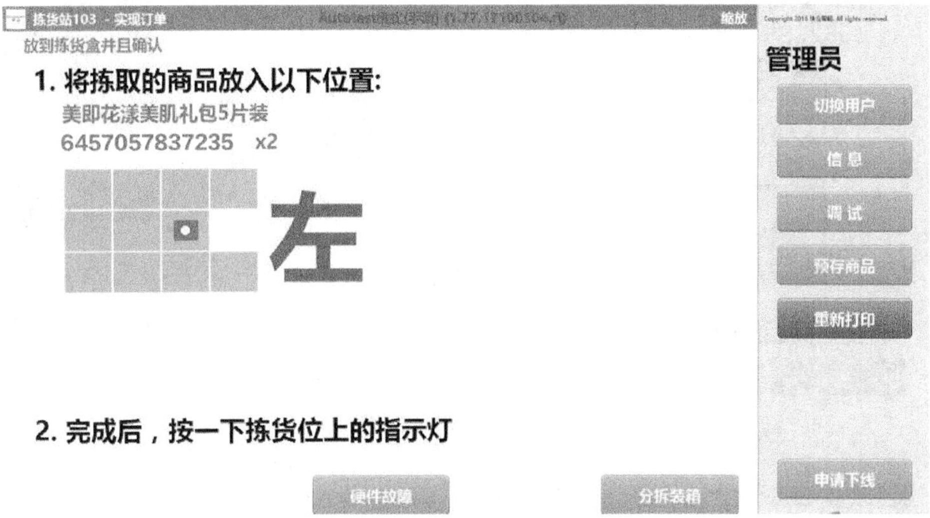

图 4-4-14　放到拣货盒并确认

上一个拣货任务完成后，_____，界面跳转至后续拣货任务。

活动 5：请同学们参考商品 1 的工作站拣货作业流程，结合图 4-4-15 和图
4-4-16，说明商品 2 的拣货作业流程是怎样的？

_____

_____

_____

_____

_____

_____

_____

_____

图 4-4-15　商品 2 拣货界面

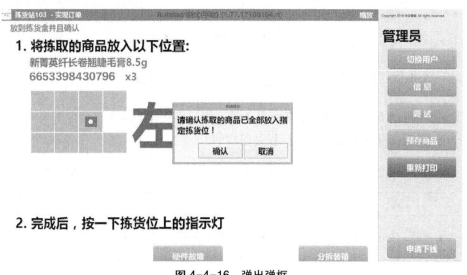

图 4-4-16　弹出弹框

活动 6：请结合图 4-4-17，说明货物拣货完成后，如何与快递单绑定呢？

_____

_____

_____

_____

图 4-4-17 订单完成

 评价反馈

班级			姓名		学号			
任务名称		"货到人"拣选工作站拣选出库作业						
序号	评价内容	评价考核标准	分值	自评	互评	师评	企评	得分
1	WMS 创建（接收）订单并生成调度任务	能在 WMS 中新增出库订单	5					
		能保存订单并提交	10					
2	执行工作站拣货任务	能分析拣货作业模式	10					
		能说出拣货站信息面板包含的信息	10					
		能完成商品 1 的工作站拣货作业	10					
		能完成商品 2 的工作站拣货作业	10					
		能打印快递单	5					
3	学习能力	具有主观能动性，能自主解决问题	10					

续　表

序号	评价内容	评价考核标准	分值	自评	互评	师评	企评	得分
4	工作态度与工作规范	态度端正，无无故缺勤、迟到、早退现象	10					
5	工作效率与质量	能按要求完成工作任务	10					
6	团队合作	与小组成员分工协作、互相帮助	10					
总得分								

 知识链接

一、"货到人"拣选工作站拣货出库作业流程

智能拣选 AGV 的拣货出库作业通过 WMS 接收（人工录入）订单，运用智能算法将其转化成最优调度任务，调度系统会自动调度智能拣选 AGV 将货架搬运到工作站，然后员工到工作站按照系统提示进行拣货。待员工在系统指导下完成作业后，再将货架送回库区。拣货出库作业流程如图 4-4-18 所示，拣货站如图 4-4-19 所示。

图 4-4-18　拣货出库作业流程

图 4-4-19　拣货站

工作站软件系统工作流程如图 4-4-20 所示。

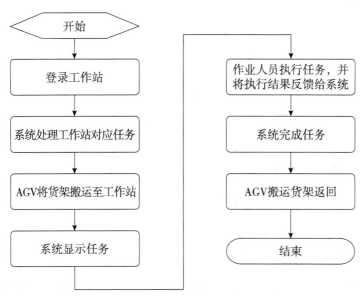

图 4-4-20　工作站软件系统工作流程

二、WMS 介绍

WMS，即仓库管理系统，包含入库、库内、出库、商品、仓储、报表、系统等模块，在满足传统仓库作业管理基本需求的同时，能配合智能调度系统进行作业流程管理。WMS 功能清单如图 4-4-21 所示。

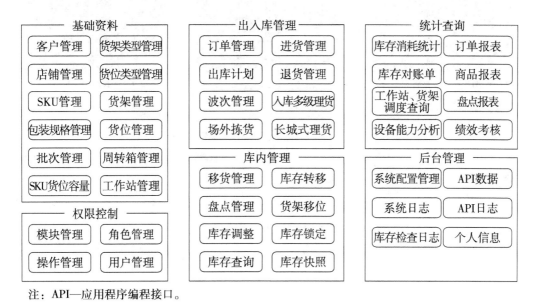

注：API—应用程序编程接口。

图 4-4-21　WMS 功能清单

WMS 的订单来源有两种：一是通过接口自动传入；二是手动新增（导入）订单，如图 4-4-22 所示。

通过客户系统接口直接下发订单到WMS，WMS开始响应订单任务　　　WMS手动创建出库单，即提交订单

图 4-4-22　WMS 订单来源

三、常见的拣货作业模式

拣货，即拣货人员从货架上拣取商品，放入订单对应的位置。根据订单与商品品种的关系，拣货作业模式包含：一单一品、多单一品、一单多品、多单多品。如图 4-4-23 所示。

图 4-4-23　拣货作业模式

课外阅读

2021年，中共中央印发《关于加强新时代检察机关法律监督工作的意见》，提出深入推进全国执行与监督信息法检共享，推动依法解决执行难问题，加强对损害国家利益或者社会公共利益、严重损害当事人合法权益、造成重大社会影响等违法执行行为的监督。加强检察机关与审判机关、公安机关协作配合，健全对虚假诉讼的防范、发现和追究机制。

由此可见，信息共享在各行各业中都起到了重要作用。作为新时代的年轻人，在实际工作中，我们更应该树立"信息共享"的意识，加强物流各作业环节之间的衔接，推动智能物流的快速发展。

任务五 "货到人"拣选工作站盘点作业

任务目标

1. 了解盘点的目的。
2. 理解盘点的内容。
3. 掌握盘点的定义。
4. 掌握盘点的种类。
5. 熟悉盘点的流程。
6. 能够执行指定商品和指定货架的盘点任务。
7. 具备"严谨细致"的工作作风。

任务描述

盘点，是对库存商品的实际数量进行清点的作业，通过对仓库现有商品的实际数量与系统记录的数量进行核对，准确地掌握库存数量。天星物流中心智慧仓需要对指定商品和指定货架进行盘点，盘点任务如表4-5-1所示。请同学们以仓管员的身份，结合本节课所学知识，完成本次的盘点作业任务。

表 4-5-1 盘点任务

盘点类型	示例	
指定商品盘点	商品编号：00001-003	BRADIO 围巾
	商品编号：00007-005	女款大红/灰色獭兔毛压格围巾
指定货架盘点	货架编号：1161，货架面：2 面	

 任务实施

一、指定商品盘点

（一）生成盘点任务

活动 1：工作站系统模块包括盘点站、拣货站和补货站，如图 4-5-1 所示，本次任务应该选择哪个模块呢？

_____

_____

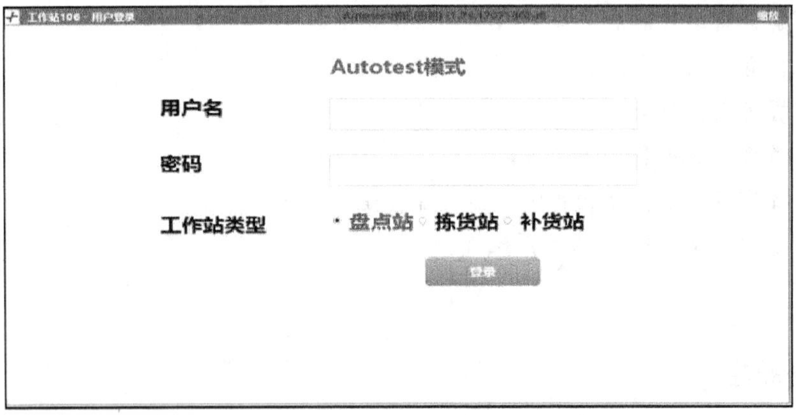

图 4-5-1 登录界面

活动 2：进入盘点站工作界面，点击右侧的【盘点】按钮，进入构建盘点单界面。请根据图 4-5-2 至图 4-5-4，说明如何构建"指定商品盘点"的盘点单？

_____

_____

_____

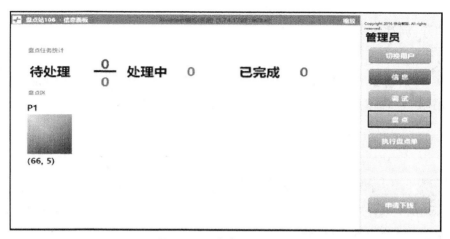

图 4-5-2　盘点站工作界面

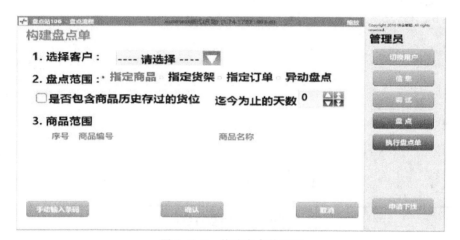

图 4-5-3　构建盘点单界面

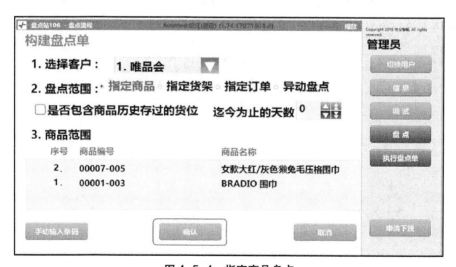

图 4-5-4　指定商品盘点

（二）调度货架

活动 3：按指定商品构建盘点单完成，提示本次盘点所在区域及货架信息，请根据图 4-5-5，说明本次盘点涉及哪些区域、哪些货架？

_____

_____

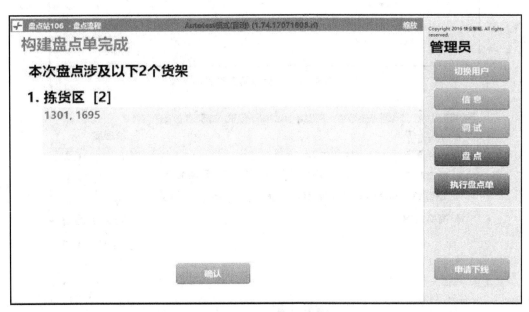

图 4-5-5　构建盘点单完成

点击图 4-5-5 中的【确认】按钮，回到盘点主界面，当车辆将货架搬运到盘点站时，系统显示该盘点区就绪。

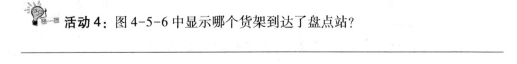**活动 4**：图 4-5-6 中显示哪个货架到达了盘点站？

_____

_____

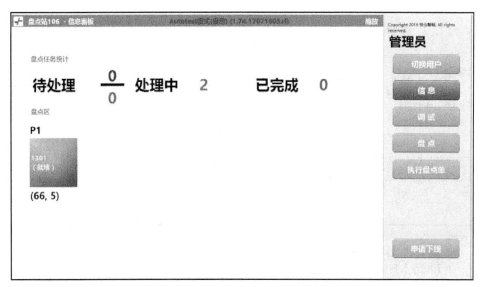

图 4-5-6　盘点任务统计

（三）盘点商品

活动 5：结合图 4-5-7，说明货架到达盘点站后，如何进行商品盘点？

_____

_____

_____

_____

图 4-5-7　盘点具体货架

（四）库存调整

活动 6：结合图 4-5-8 和图 4-5-9，说明若实盘商品数量与系统数量不一致，应该如何操作。

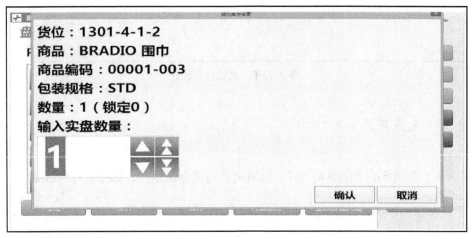

图 4-5-8　库存调整

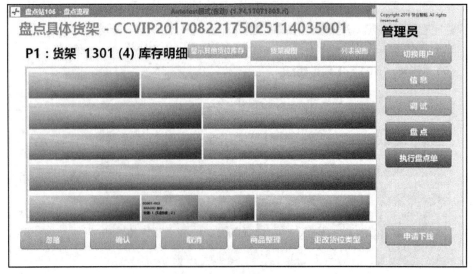

图 4-5-9　商品库存变更

二、指定货架盘点

(一) 生成盘点任务

活动 7：进入盘点站工作界面，点击右侧的【盘点】按钮，进入构建盘点单界面。请根据图 4-5-10 至图 4-5-12，说明如何构建"指定货架盘点"的盘点单？

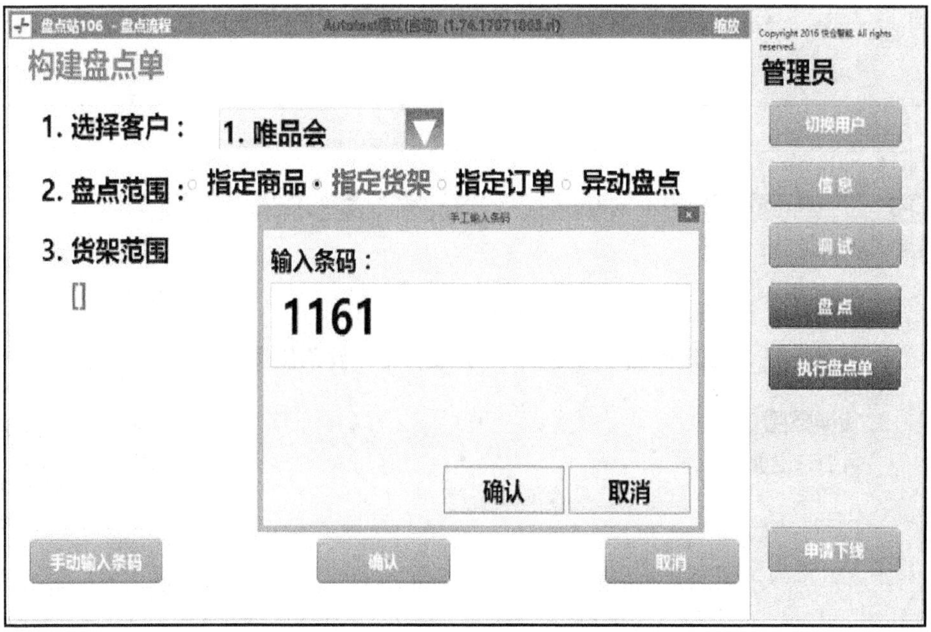

_____

_____

_____

_____

图 4-5-10　构建盘点单

_____

_____

_____

_____

图 4-5-11　选择具体货架、货面、货位信息

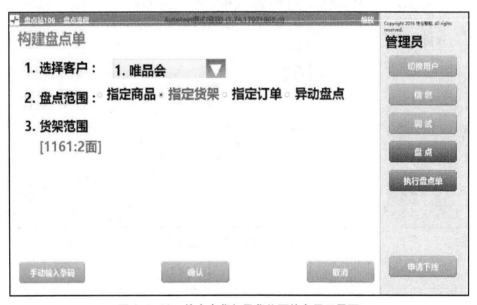

图 4-5-12　待盘点货架及货位面信息显示界面

活动 8：按指定货架构建盘点单完成，提示本次盘点所在区域及货架信息。请根据图 4-5-13，说明本次盘点涉及哪个区域？盘点哪个货架？

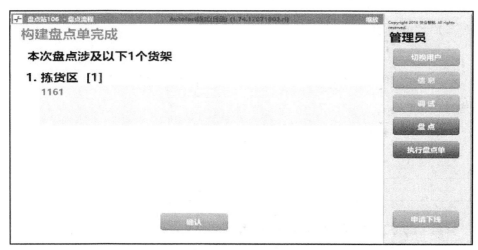

图 4-5-13　按货架构建盘点单完成界面

（二）调度货架

点击图 4-5-13 中【确认】按钮，回到盘点主界面，当车辆将货架搬运到盘点站，显示该盘点区就绪。

活动 9：图 4-5-14 中显示哪个货架到达了盘点站？

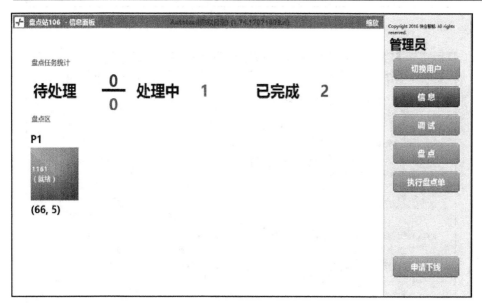

图 4-5-14　盘点主界面

（三）盘点商品

活动 10：结合图 4-5-15 和图 4-5-16，说明货架到达盘点站后，如何进行商品盘点？

_____

_____

_____

_____

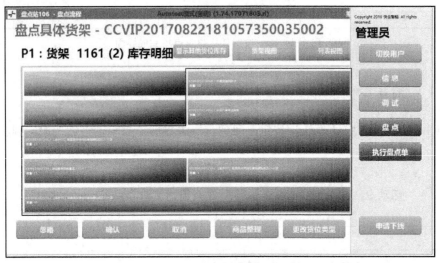

图 4-5-15　盘点信息

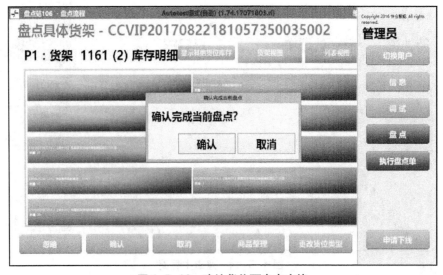

图 4-5-16　确认货位面盘点完毕

 评价反馈

班级				姓名		学号		
任务名称		"货到人"拣选工作站盘点作业						
序号	评价内容	评价考核标准	分值	自评	互评	师评	企评	得分
1	指定商品盘点	能构建指定商品盘点的盘点单	15					
		能进行指定商品盘点	10					
		能根据盘点差异，调整商品数量	10					
2	指定货架盘点	能构建指定货架盘点的盘点单	15					
		能进行指定货架盘点	10					
3	学习能力	具有主观能动性，能自主解决问题	10					
4	工作态度与工作规范	态度端正，无无故缺勤、迟到、早退现象	10					
5	工作效率与质量	能按要求完成工作任务	10					
6	团队合作	与小组成员分工协作、互相帮助	10					
总得分								

 知识链接

一、盘点的定义

仓库中的商品处于不断的进、存、出动态变化中，作业过程中产生的误差，经过一段时间的积累后就会使库存资料反映的数据与实际数据不符。有些商品还会因存放时间太长或保管不当，发生数量或质量变化。

为了对库存商品的数量进行有效控制，并查清其在库中的质量状况，必须定期或不定期地对各存储场所进行清点、查核，这个过程称为盘点。

二、盘点的目的

1. 实物盘点

通过盘点，核对仓库账面信息与实物情况，从而确定商品的实存数。

2. 监控库存商品状态

通过盘点，监控库存商品状态，查看有多少库存商品破损（见图4-5-17）、变质，以便及时处理。

图4-5-17　库存商品破损

3. 评估仓库管理水平

根据盘点中发现的问题，明确仓库管理需要改进的方面。

三、盘点的内容

盘点的内容包括查数量、查质量、查保管条件、查库存安全状况，如图4-5-18所示。

图4-5-18　盘点的内容

1. 查数量

通过盘点，查明库存商品的实际数量，核对账面库存数量与实际库存数量是否一致，这是盘点最主要的内容。

2. 查质量

检查在库商品质量有无变化，包括受潮、腐蚀、发霉、干裂甚至变质等情况；检查有无超过保管期限的商品或出现长期积压的现象；检查技术证件是否齐全，是否证物相符，必要时，还要进行技术检验。

3. 查保管条件

（1）库房内外的存储空间与场所利用是否合理。

（2）储存区域划分是否明确。

（3）货架布置是否合理。

（4）商品进出是否方便。

（5）温湿度是否控制良好。

4. 查库存安全状况

检查各种安全措施和消防器材是否符合安全要求，建筑物和设备是否处于安全状态。

四、盘点的种类

（一）按时间的跨度分类

按时间的跨度可以将盘点分为定期盘点和临时盘点。

1. 定期盘点

定期盘点指的是在固定的时间点进行盘点，这是最常见的盘点方式。定期盘点有每日盘点、月度盘点、季度盘点和年度盘点等，具体的时间跨度可以根据企业的实际情况确定。当然，日盘点与月度、季度、年度盘点并不互斥，并且可以相互叠加。

2. 临时盘点

临时盘点，又称不定期盘点，是企业根据自身实际情况不定时或者临时安排的盘点。进行临时盘点的原因一般有两种：一是核查，二是交接。核查盘点就是因内部管理需要或外部合作需要，对仓库进行盘点检查，确认库存和仓库管理水平。交接盘点是最常见的不定期盘点，交接一般有仓库管理人员变动交接、仓库库存归属权变动交接等。

（二）按盘点的内容分类

按盘点的内容可以将盘点分为全面盘点和重点盘点。

1. 全面盘点

全面盘点是对在库的所有物料进行全部清盘的一种盘点方式，全面盘点是最有效、最彻底的盘点方式。但是，全面盘点投入的人力物力较多，盘点成本也相对较高。

2. 重点盘点

重点盘点是按照帕累托法则（二八原则），找出仓库的重点物料（如收发频次高的、容易损耗的、价格昂贵的物料），然后对这些重点物料进行定期或不定期的清盘对账，从而保证账实相符的一种盘点方式。

全面盘点和重点盘点的区别，可以简单理解为：全面盘点是清盘所有的物料，而重点盘点只盘点一部分物料。

（三）按盘点的作用分类

按盘点的作用，或者说按盘点需要解决的问题，可以将盘点分为循环盘点、永续盘点和低位盘点三种。

1. 循环盘点

循环盘点是将库存物料分区或分类，然后按照一定的周期（如每日、每周），逐区、逐类地进行分批盘点的一种盘点方式。

循环盘点每次只盘点一个区域或一部分物料，每天盘点一定量的库存，按照商品入库的先后顺序进行，先进来的商品先盘，后进来的商品后盘，分批分次完成全部物料清盘。所以，循环盘点可以减轻单次仓库盘点的压力和盘点工作量，这也正是其称为循环盘点的原因。

循环盘点有一个基本要求，即在一个循环周期内盘完仓库所有物料。这样的目的是保证每种物料在一个循环周期内都被盘点到，从而有效保证库存的准确性。

循环盘点是按一定的周期分批盘点，这其实是一种特殊的定期盘点。循环盘点是仓库日常盘点，尤其是仓库进行自盘时最常采用的一种盘点方式。

2. 永续盘点

永续盘点又称账面盘点，即商品入库的时候就盘点，对每种商品分别设立"存货账卡"，然后将每种商品的出入库数量及有关信息记录在账面上，逐笔汇总出账面库存结余量。

永续盘点具体的方法是，当物料有出入库发生时，在完成出入库后即对该物料进行即刻盘点。因为永续盘点的时间不确定，所以，永续盘点是一种特殊的不定期盘点，它的最大特点是只盘点有出入库业务发生的物料，这样可以大幅减轻盘点的工作量、节约盘点时间。永续盘点也是仓库日常盘点和仓库自盘经常采用的盘点方式。

3. 低位盘点

低位盘点，也称低水位盘点，是为了解决物料断料问题而采用的盘点方式。低位盘点是指定期（如每日）监控物料的库存量，当物料的库存量低于物料设定的"一定水平"的库存量时，专门对该物料进行清盘和对账，以保证账实相符。"一定水平"的库存量需要根据企业和仓库的实际情况确定，需要事前设定（当然可依实际情况随时调整）。

低位盘点，属于重点盘点的一种，可以理解为低位盘点就是以低于"一定水平"库存量的物料为重点物料，而进行的一种重点盘点。

（四）按盘点的方法分类

按盘点的方法可以将盘点分为手工盘点和盘点机盘点两种。

1. 手工盘点

手工盘点主要靠工作人员手工记录盘点内容，然后与系统库存量进行比对。

（1）初盘：由各存货管理部门（或者仓库）的工作人员进行全面盘点，负责盘点过程中物料的确认和点数、正确记录盘点表，将盘点数据记录在"盘点数量"一栏。

（2）复盘：初盘完成后，由复盘人对初盘人负责区域内的物料进行复盘。

（3）查核：复盘完成后，由查核人负责对异常数量进行查核，将查核数量记录在"查核数量"一栏中。

一般的月度盘点和大型周期性盘点都是由仓储部门和财务部门共同完成。通常情况下，由仓库系统操作人员打印盘点表，仓管员完成初盘，再由财务部门复盘，最后财务部门将双方的盘点结果和账务系统的库存量进行比对，找出差异并矫正。由于企业结构不同，每个环节的负责人员也有所不同，需要根据实际情况确定。

2. 盘点机盘点

盘点机盘点，是先把需要盘点的商品信息导入数据采集器中，然后盘点人员利用盘点机扫描商品条码，根据实际数量录入采集，最后将采集信息导入系统管理软件进行比对，生成盘盈盘亏单。

五、盘点的流程

普通仓库的盘点作业一般包含四个流程：生成盘点任务、RF盘点、盘点复核、库存调整，如图4-5-19所示。

智能机器人工作站，包含三个模块：补货站、拣货站和盘点站。盘点任务需要启用盘点站模块，盘点可分为指定商品盘点、指定货架盘点、指定订单盘点与异动盘点。

员工在工作站下发盘点任务，指派智能机器人将目标货架运到工作站，待员工在系统指导下完成盘点任务后，再将货架送回库区。如图4-5-20所示。

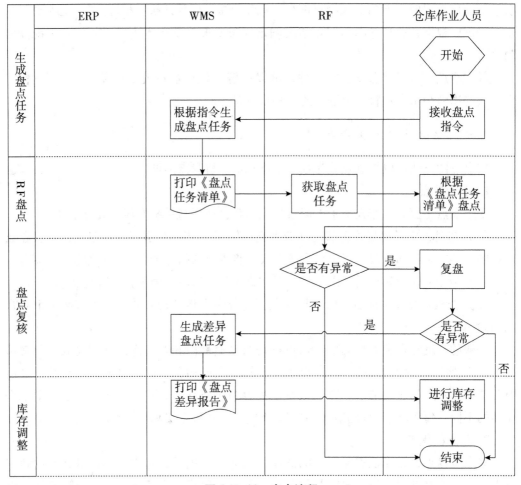

图 4-5-19　盘点流程

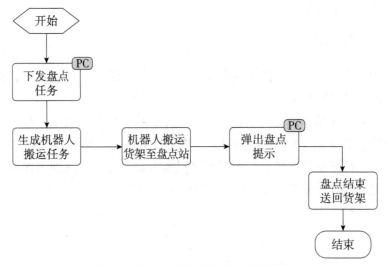

图 4-5-20　智能机器人盘点作业流程

课外阅读

　　严谨细致是一种工作态度，反映了一种工作作风。严谨细致，就是对一切事情都有认真负责的态度，一丝不苟、精益求精，于细微之处见精神，于细微之处见境界，于细微之处见水平；就是把做好每件事情的着力点放在每个环节、每个步骤上，不心浮气躁，不好高骛远；就是从一件一件的具体工作做起，从最简单、最平凡、最普通的事情做起，特别是把自己岗位上的、自己手中的事情做精做细，做得出彩，做出成绩。

项目五　智能分拣设备

案例

沃尔玛的配送系统

沃尔玛的配送中心覆盖半径为 320 千米, 满足商圈内 100 多个销售网点的需求, 其面积达 10 万平方米, 商品流转价值超过 2 亿美元/月, 商品停留时间小于 24 小时。

传送带输送设备总长达几十千米, 计算机和条码技术追踪管理商品的储存和运送情况, 每天能处理近 20 万箱的物流量。

配送中心一端连着可供 30 辆卡车同时装货的装货月台, 另一端连着配有 135 个车位的卸货月台, 员工 24 小时倒班作业, 每天约有 160 辆货车进入卸货, 150 辆货车开出送货。

自动分拣系统和自动存储系统使配送中心实现自动化运行, 在控制系统的统一指挥下, 自动完成进货、储存、分拣、输送、发货等操作, 确保每年数亿份订单的分拣准确率达到 99%。

那么, 一个自动分拣系统需要配备哪些设备? 这些设备是如何运作的? 它们分别具备哪些功能? 让我们带着这些问题一起来学习本项目的知识。

任务一　认识连续输送机械

任务目标

1. 了解连续输送机械的概念、特点。
2. 理解常用连续输送机械的主要部件、工作原理和特点。
3. 掌握连续输送机械的操作方法。
4. 树立"制造强国"的民族自豪感。

任务描述

早在 20 世纪 70 年代，自动化配送系统就已在日本及欧洲部分国家得到应用，于 20 世纪 90 年代达到了发展高峰。在自动化配送系统中，连续输送机械是必不可少的设备。

为了完成天星物流中心仓库物料的输送任务，请同学们以仓库操作员的身份，结合本节课所学知识，并借助互联网查阅资料，说明连续输送机械的操作方法，并完成物料的输送作业任务。

任务实施

一、带式输送机的结构

请同学们扫描右侧二维码，观看视频《输送机介绍》，了解输送机的运行过程。

　活动 1：请将图 5-1-1 空白处填写完整。

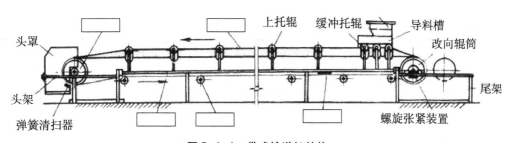

图 5-1-1　带式输送机结构

二、连续输送机械操作办法

　活动 2：由于连续输送机械类别繁多，请以带式输送机为例说明其操作要求并完成表 5-1-1 中空格的填写。

表 5-1-1　　　　　　　　　　带式输送机的操作要求

环节	操作要求
作业前	应确认（　　　　　　　　）内没有人员触摸机件，以防开机拖带伤及人员
作业中	开机后检查（　　　　　　）、（　　　　　　）、（　　　　　　）等有无异常
	检查输送带是否（　　　　　　），表面是否（　　　　　　），是否在（　　　　　　）移动
	注意输送物料是否（　　　　　　）在输送带上，必要时应调节（　　　　　　）位置以调节物料的均匀度； 输送成件物品时，应注意掌握单件物品的（　　　　　　）不得过重，整台输送机上（　　　　　　）不得超过输送机的承载能力
	输送机的输送带一般为（　　　　　　），不能承受过大的冲击载荷，也经受不了尖利物品的刺割，故物品装卸应（　　　　　　）
	输送机工作时应经常（　　　　　　），发现（　　　　　　）时应尽快通知系统管理人员，尽可能将（　　　　　　）同时关机检修
作业后	带式输送机关机后，检查（　　　　　　）是否损坏
	及时清理输送带上的（　　　　　　）
	填写（　　　　　　），交代应予维修的部分

 评价反馈

班级			姓名		学号			
任务名称		认识连续输送机械						
序号	评价内容	评价考核标准	分值	自评	互评	师评	企评	得分
1	连续输送机械作业前操作	能正确说明连续输送机械作业前操作办法及要求	20					
2	连续输送机械作业中操作	能正确说明连续输送机械作业中操作办法及要求	20					
3	连续输送机械作业后操作	能正确说明连续输送机械作业后操作办法及要求	20					
4	学习能力	具有主观能动性，能自主解决问题	10					

续　表

序号	评价内容	评价考核标准	分值	自评	互评	师评	企评	得分
5	工作态度与工作规范	态度端正，无无故缺勤、迟到、早退现象	10					
6	工作效率与质量	能按要求完成工作任务	10					
7	团队合作	与小组成员分工协作、互相帮助	10					
总得分								

知识链接

一、连续输送机械概述

（一）连续输送机械的概念

连续输送机械，是以连续的方式沿着一定的线路从装货点到卸货点均匀输送散料和成件包装货物的机械装置，简称输送机。

连续输送机械能够在一定的空间里连续不断地进行搬运，搬运成本相对较低，而且时间容易控制。在自动仓储系统里，搬运系统一般由连续输送机械组成，如进出库输送机系统、自动分拣系统等。

（二）连续输送机械的特点

连续输送机械具有如下优点。

（1）能保持较高的运行速度且稳定。

（2）有较高的生产效率。

（3）在相同的效率下，自重轻、外形尺寸小、成本低、驱动功率小。

（4）传动机构的机械零部件负荷较低，冲击小。

（5）结构紧凑，制造和维修容易。

（6）输送货物线路固定、动作单一，便于实现自动控制。

（7）工作过程中，负载均匀，所消耗的功率几乎不变。

同时连续输送机械也具有如下缺点。

（1）运行线路固定，承载能力较小，通用性较差。

（2）装卸能力差，一般需要单独配备装载、卸载装置。

（三）连续输送机械的类型

连续输送机械的类型如表 5-1-2 所示。

表 5-1-2　　　　　　　　　连续输送机械的类型

分类标准	类型	内容
按安装方式划分	固定式输送机	主要用于固定输送情形，如专用码头、仓库、工厂专用生产线，具有输送量大、效率高、单位电耗低等特点
	移动式输送机	指可以移动的输送机，具有机动性强、利用率高和调度灵活等特点，主要适用于输送量不大、输送距离不长的中小型仓库
按结构特点划分	有绕性构件的输送机	牵引构件是一个往复循环的封闭系统，如带式输送机、链式输送机等
	无绕性构件的输送机	利用工作构件的旋转运动或振动，使物料向一定方向输送，构件不具有往复循环形式，如螺旋输送机、振动输送机等
按输送对象划分	散料输送机	输送散装物料的输送机
	成件输送机	输送成件物料的输送机
	通用输送机	输送各种物料的输送机
按原动力划分	动力式输送机	电动输送物料的输送机
	无动力式输送机	靠物料自重惯性或人工推力输送物料的输送机
按输送物体的形式划分	固体物料输送机	输送各种固体物料的输送机，如带式输送机、螺旋式输送机、刮板输送机、斗式提升机等
	流体输送机	输送各种流体物料的输送机，如真空吸料装置、酒料泵等

二、常用的连续输送机械

常用的连续输送机械包括带式输送机、链式输送机、斗式提升机、辊道式输送机、螺旋式输送机、气力式输送机等，如图 5-1-2 所示。

带式输送机

链式输送机

斗式提升机

 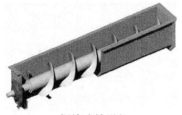 

辊道式输送机　　　　　　螺旋式输送机　　　　　　气力式输送机

图 5-1-2　常用的连续输送机械

常用连续输送机械的比较，如表 5-1-3 所示。

表 5-1-3　　　　　　　　　　**常用连续输送机械的比较**

常用类型	主要部件	工作原理	特点
带式输送机	驱动装置、辊筒、输送带、托辊、张紧装置、清扫器、机架、溜槽（料斗）、导料槽、制动器、逆止器等	输送带既是承载货物的承载构件，又是传递牵引力的牵引构件，依靠输送带与辊筒之间的摩擦力平稳地进行驱动	主要用于水平方向或坡度不大的倾斜方向连续输送散粒货物，也可用于输送重量较轻的大宗成件货物，在仓库、港口、车站、工厂、矿山、建筑工地等有广泛应用
链式输送机	链条、板条、金属网带、辊道等	把若干绕过链轮的无端链条作为牵引构件，通过轮齿与链节的啮合将圆周牵引力传递给链条以驱动链轮，在链条上或固接的工作构件上输送货物	主要应用于食品、化妆品、洗涤产品等行业，以及在水平方向或小倾角方向上输送煤炭、谷物等粉粒状或块状的物料
斗式提升机	料斗、驱动装置、顶部和底部辊筒（或链轮）、胶带（或牵引链条）、张紧装置、机壳	料斗把物料从下面的储藏箱中舀起，随着输送带或链提升到顶部，绕过顶轮后向下翻转，斗式提升机将物料倾入接受槽内，斗式提升机的传动带一般采用橡胶带	广泛应用于粮油、饲料加工厂等，能实现较大垂直方向颗粒状、粉状散装物料的输送
辊道式输送机	驱动装置、传动辊筒、输送带、上托辊、下托辊、机架、清扫器、拉紧装置、改向辊筒、导料槽、重锤张紧装置及电器控制装置等	辊道式输送机的输送带绕经传动辊筒和尾部改向辊筒形成环形封闭带	它与生产过程和装卸搬运系统能很好地衔接，并有功能的多样性，易于组成流水线作业。在仓库、港口、货场得到了广泛应用

常用类型	主要部件	工作原理	特点
螺旋式输送机	转动轮、轴承、料槽、悬挂轴承、轴、叶片等	利用随轴旋转的螺旋叶片的推动作用输送物料	用于短距离粉料、粒料和小块状物料的水平、倾斜及垂直输送
气力式输送机	吸嘴、分离器、供料器、除尘器、风机等	气力式输送机是一种利用气体流动带动物料进行输送的装置，其工作原理主要有两种，压力式输送和真空式输送：压力式输送是将空气或其他气体通过压缩机等设备压缩成高压气体，然后将高压气体通过管道输送到需要输送的物料处，由于气体的惯性，物料会随着气流沿管道流动并被输送到目标位置；真空式输送是借助真空泵或其他低压气源在输送管道中建立负压，从而形成真空环境，再通过对物料的吸附、抓取等，将物料从一个点抽取至另一个点的过程	气力式输送机可进行水平、倾斜和垂直输送，也可组成空间输送线路，输送线路一般是固定的。该输送机输送能力强、运距长，在输送过程中能同时完成若干工艺操作，应用十分广泛

课外阅读

习近平总书记高度重视制造业发展，强调制造业是国家经济命脉所系，要坚定不移把制造业和实体经济做强做优做大，加快建设制造强国。党的十八大以来，习近平总书记多次强调要大力发展制造业和实体经济，深刻阐明制造业是实体经济的基础，实体经济是我国发展的本钱，是构筑未来发展战略优势的重要支撑，为我国从制造大国向制造强国迈进指明了方向、明确了路径。

站在新的历史起点，深入实施制造强国战略，加快推进制造业转型升级，我国制造强国建设必将交出更为精彩的答卷！

任务二　认知自动分拣设备

任务目标

1. 理解自动分拣设备的定义及特征。
2. 掌握自动分拣机的种类。
3. 掌握自动分拣设备的分拣流程。
4. 能够辨认交叉带式分拣系统的基本结构。
5. 能够描述交叉带式分拣系统各组成部分的作用。
6. 树立"科技兴国"的创新意识。

任务描述

随着电商、快递行业的飞速发展，作为物流系统核心装备之一的自动分拣设备的市场需求大幅上升，已经成为各大电商必不可少的拣货利器。为了应对即将到来的"双十一"，天星物流中心也采购了自动分拣设备。请同学们以拣货员的身份，结合本节课所学知识，并借助互联网查阅资料，向大家详细讲解分拣系统的构成及工作流程。

　　请同学们扫描右侧二维码，观看视频，了解
自动分拣系统的基本构成。

任务实施

一、交叉带式分拣系统的构成

活动 1：说明任务描述中的视频讲解的是什么分拣系统？视频中的分拣系统包括哪些部分？

_____

_____

_____

活动2：请根据所学知识，结合任务描述中的视频内容，说明交叉带式分拣系统由哪几部分组成？并将其名称填写到图5-2-1对应的位置。

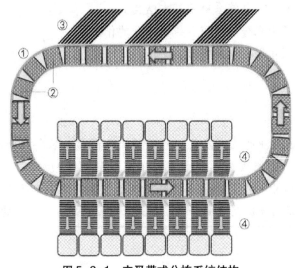

图5-2-1　交叉带式分拣系统结构

二、交叉带式分拣系统各组成部分的作用

活动3：请根据所学知识，说明交叉带式分拣系统的工作流程。

活动4：请根据所学知识，说明交叉带式分拣系统各组成部分的作用。

评价反馈

班级			姓名		学号			
任务名称		认知自动分拣设备						
序号	评价内容	评价考核标准	分值	自评	互评	师评	企评	得分
1	交叉带式分拣系统的构成	能识别自动分拣设备的类型	10					
		能辨认交叉带式分拣系统的基本结构	20					
2	交叉带式分拣系统各组成部分的作用	能阐述交叉带式分拣系统的工作流程	10					
		能阐述交叉带式分拣系统各组成部分的作用	20					
3	学习能力	具有主观能动性，能自主解决问题	10					
4	工作态度与工作规范	态度端正，无无故缺勤、迟到、早退现象	10					
5	工作效率与质量	能按要求完成工作任务	10					
6	团队合作	与小组成员分工协作、互相帮助	10					
总得分								

 知识链接

一、自动分拣设备的定义

自动分拣设备是指在货物进入分拣系统被送到指定位置的过程中，按照设定指令自动控制的分拣装置。自动分拣系统由输送机、附加设施和控制系统等组成，如图5-2-2所示。

图 5-2-2　自动分拣系统

二、自动分拣设备的特征

1. 能连续、大批量地分拣货物

自动分拣设备的分拣能力是人工分拣系统无法比拟的，可以连续运行 100 小时以上，每小时可分拣 7000 件包装商品。

2. 分拣误差率极低

自动分拣设备的分拣误差率主要取决于输入的分拣信息的准确性，而这又是由分拣信息的输入机制决定的。如果采用人工键盘或语音识别的方式输入，则误差率在 3%以上；如果采用条码扫描输入，则基本不会出错。因此，目前自动分拣设备主要采用条码扫描的方式识别货物。

3. 分拣作业基本可以实现无人化

分拣作业本身并不需要人工操作，人员的使用仅局限于以下工作。

（1）送货车辆抵达自动分拣线的进货端时，由人工接货。

（2）由人工控制分拣系统的运行。

（3）在分拣线末端，由人工将分拣出来的货物进行集载、装车。

（4）自动分拣设备的经营、管理与维护由人工完成。

在引进和建设自动分拣系统时一定要考虑以下问题。

1. 一次性投资巨大

自动分拣系统本身需要建设短则 40~50 米、长则 150~200 米的机械传输线，还有配套的机电一体化控制系统、计算机网络及通信系统等，不仅占地面积大——动辄 2 万平方米以上，而且一般自动分拣系统都建在自动立体仓库中，这样就要建 3~4 层楼高的立体仓库，库内需要配备各种自动化搬运设施，这不亚于建立一个现代化工厂所需要的硬件投资。这种巨额的先期投入需要 10~20 年才能收回。

2. 对商品外包装要求高

一是要推行标准化包装，使大部分商品的包装符合国家标准；二是要根据分拣的大部分商品的统一包装特性定制特定的分拣机。

三、自动分拣机的种类

自动分拣机种类很多，分类方法也不尽相同，按照它的用途、性能、结构和工作原理，一般分为交叉带式分拣机、翻盘式分拣机、滑块式分拣机、条板倾斜式分拣机、挡板式分拣机等多种类型。

1. 交叉带式分拣机

交叉带式分拣机（见图5-2-3），由主驱动带式输送机和载有小型带式输送机的台车连接在一起，当台车移动到规定的分拣位置时，转动皮带，完成把商品分拣送出的任务。因为主驱动带式输送机与台车上的带式输送机呈交叉状，所以叫交叉带式分拣机。其基本布置为环形，由各台小带机组成承载模块，可以精确地将输送物灵活地送到各指定的目的地。

图5-2-3　交叉带式分拣机

交叉带式分拣机采用传统机械式设计，原理简单，结构比较坚固，分拣动作轻柔、准确。其优点是在订单量足够大时，分拣效率高，所以受到电商、快递客户青睐，成为近年来分拣设备中的主流。但该产品也有缺点：占地面积大，且对地面的平整度要求较高；造价高昂，输送模块易损坏，维修成本也较高。

2. 翻盘式分拣机

翻盘式分拣机（见图5-2-4），通过托盘倾翻的方式将包裹分拣出去，该分拣机在快递行业也有应用，但更多的是应用在机场行李分拣领域。其最大分拣能力可以达到12000 件/小时。标准翻盘式分拣机由木托盘、倾翻装置、底部框架组成，倾翻分为机械倾翻和电动倾翻两种。

图 5-2-4　翻盘式分拣机

3. 滑块式分拣机

滑块式分拣机（见图 5-2-5），是一种特殊形式的条板输送机。输送机的表面用金属条板或管子构成，如竹席状，而在每个条板或管子上有一枚用硬质材料制成的导向滑块，能沿条板横向滑动。平时滑块停止在输送机的侧边，通过计算机控制，当被分拣的货物到达指定道口时，控制器使导向滑块有序地自动向输送机的对面一侧滑动，把货物推入分拣道口。这种方式是将商品逐渐侧向推出，并不冲击商品，故商品不容易损伤，它对分拣商品的形状和大小要求不高，适用范围较广。

图 5-2-5　滑块式分拣机

扫一扫

　　请同学们扫描右侧二维码，观看高速滑块分拣机的应用视频。

4. 条板倾斜式分拣机

　　条板倾斜式分拣机（见图5-2-6），是一种特殊的条板输送机，商品装载在输送机的条板上，当商品运送到需要分拣的位置时，条板的一端自动升起，条板倾斜，从而将商品移离主输送机。商品占用的条板数随商品的长度而定，被占用的条板数如同一个单元，同时倾斜，因此，这种分拣机在一定范围内不限制商品的长度。

图 5-2-6　条板倾斜式分拣机

5. 挡板式分拣机

　　挡板式分拣机如图5-2-7所示，其利用一个挡板（挡杆）挡住在输送机上向前移动的商品，将商品引导到一侧的滑道滑出。挡板动作时，像一堵墙，挡住商品向前移动，利用输送机对商品的摩擦力，使商品沿着挡板表面移动，从主输送机上排出至滑道。平时挡板处于主输送机一侧，可让商品继续前移；如挡板横向移动或旋转时，商品就排向滑道。

　　挡板一般安装在输送机的两侧，和输送机平面不接触，即使在操作时也只接触商品而不触及输送机的输送表面，因此它适用于大多数的输送机。

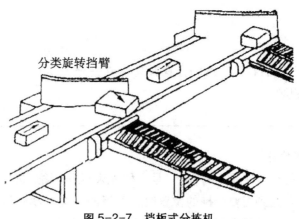

图 5-2-7　挡板式分拣机

四、自动分拣设备的分拣流程

自动分拣设备的分拣流程大致可分为合流、分拣识别、分拣分流和分运四个阶段，如图 5-2-8 所示。

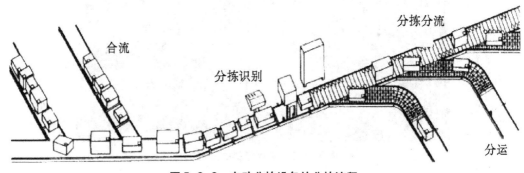

图 5-2-8　自动分拣设备的分拣流程

1. 合流

（1）商品通过多条输送线进入分拣系统，经过合流逐步将各条输送线输入的商品合并于一条合流输送机上。

（2）需提前将商品在输送机上的方位进行调整，以适应分拣识别要求。

（3）合流输送机具有自动停止和启动的功能。如果前端分拣识别装置发生事故，或商品和商品连在一起，或输送机上商品已经满载时，合流输送机就会自动停止，等恢复正常后再自行启动，所以它也起缓冲作用。

注意事项：①关于速度。高速分拣要求分拣输送机高速运行，在商品进入分拣识别装置之前，有一个使商品逐渐加速的过程。②关于间距。商品之间保持一定间距，有利于保证分拣精度。当前的微型计算机和程序控制器已能将这种间距缩小到几英寸

（1 英寸=2.54 厘米）。

2. 分拣识别

分拣识别时，激光扫描器对商品条码标签进行扫描，或者通过其他自动分拣识别方式，将商品分拣信息输入计算机，如图 5-2-9 所示。

图 5-2-9　其他自动分拣识别方式

3. 分拣分流

商品离开分拣识别装置在分拣输送机上移动时，根据分拣信号确定的移动时间，被运送到指定的分拣道口，该处的分拣机构按照上述的移动时间自行启动，将商品排离主输送机，由分流滑道排出，如图 5-2-10 所示。

图 5-2-10　分拣分流

4. 分运

（1）分拣出的商品离开主输送机，再经滑道到达分拣系统的终端，如图 5-2-11 所示。

（2）分运经过的滑道一般是无动力的。

图 5-2-11　自动分拣设备的分拣流程

课外阅读

　　科技是国家强盛之基，创新是民族进步之魂。我国科技整体能力持续提升，根本原因在于党的领导的政治优势和社会主义集中力量办大事的制度优势，关键在于实施创新驱动发展战略，把科技创新摆在国家发展全局的核心位置。结合实际坚持好、运用好我国科技事业快速发展的制度优势和实践经验，我们就能紧紧抓住和用好新一轮科技革命和产业变革的机遇，向着建设世界科技强国的目标不断迈进。

　　作为新时代青年人，我们要有热爱科学的精神和"科技强国"的创新意识，努力提高自身素质，立志做创新型人才。

任务三　认知 AGV 分拣机器人

任务目标

1. 理解 AGV 分拣机器人的优点。
2. 了解 AGV 分拣机器人的应用。
3. 掌握 AGV 分拣机器人的概念、工作原理和工作流程。
4. 了解 AGV 分拣机器人的类型。
5. 培养"科技创新"精神。

任务描述

　　近年来随着电商行业的快速发展，中国快递行业的整体规模迅速壮大，年业务量已超过 300 亿件。而快递业务量的增长，对快递邮件的分拣效率要求越来越高，行业内部广泛使用的交叉带式自动分拣机具有高效的处理能力，但其投资大、刚性强，使得各快递企业对投入有一定的顾虑。当前，分拣机器人的广泛应用引起了各快递企业的关注，并迅速成为智能化、自动化发展的新趋势。

目前，天星物流中心也在调研采购 AGV 分拣机器人的可行性，请同学们以仓库拣货员的身份，结合本节课所学知识，并借助互联网查阅资料，辨析 AGV 分拣机器人的类型，并阐述其工作流程。

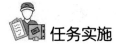 **任务实施**

一、揽件

活动 1：请同学们结合所学知识，思考包裹进入分拣中心后，如何被揽件？

包裹到达_____后，卸货至_____，由工作人员控制供件节奏，包裹经_____输送至_____工位。

二、放件

活动 2：请参考图 5-3-1，将放件的内容填写完整。

（1）每个拣货区工位旁都有工作人员驻守，工作人员将包裹面单_____放在分拣机器人的_____上。

（2）分拣机器人成功领到包裹后，会头顶包裹穿过配有工业相机和电子秤等外围设备的龙门架。该设备会快速识别_____，完成包裹的_____和_____。

（3）根据包裹目的地规划出机器人的_____，_____进行包裹分拣投递。

三、分拣

活动 3：请参考图 5-3-2 和图 5-3-3，将分拣的内容填写完整。

（1）所有分拣机器人均由后台管理系统控制和调度，根据算法为每个机器人安排_____进行包裹投递。

（2）分拣机器人在分拣作业过程中可实现_____等功能，系统根据实时道路运行状况尽可能让机器人避开拥堵。

（3）机器人运行至目的地格口时，_____并通过机器人上方的_____将包裹推入格口，包裹顺着滑道落入_____。目的地格口一般按照城市设置，随着业务量的增加，可灵活调度调节格口数量，可能一个城市对应多个格口。

图 5-3-1　获取分拣任务

图 5-3-2　自动搬运

图 5-3-3 自动卸货

四、集包装车

活动4：请同学们思考一下，包裹完成分拣后，如何进行集包装车呢？
集包工人打包完毕后，将包裹放上_____，完成_____的自动装车。

评价反馈

班级				姓名		学号		
任务名称		认知 AGV 分拣机器人						
序号	评价内容	评价考核标准	分值	自评	互评	师评	企评	得分
1	揽件	能设置分拣机器人完成揽件工作	10					
2	放件	能正确放置分拣机器人的包裹面单方向	10					
		能调度分拣机器人进行包裹分拣投递工作	10					
		能规划分拣机器人的最优运行路径	10					
3	分拣	能设置分拣机器人完成分拣工作	10					

序号	评价内容	评价考核标准	分值	自评	互评	师评	企评	得分
4	集包装车	能设置分拣机器人完成集包装车对接工作	10					
5	学习能力	具有主观能动性，能自主解决问题	10					
6	工作态度与工作规范	态度端正，无无故缺勤、迟到、早退现象	10					
7	工作效率与质量	能按要求完成工作任务	10					
8	团队合作	与小组成员分工协作、互相帮助	10					
总得分								

 知识链接

一、AGV 分拣机器人的概念

AGV 分拣是基于 AGV 完成自动分拣的一种新型分拣方式，主要针对重量在 5kg 以下、规格不超过 600mm×600mm×600mm 的小件包裹进行分拣作业，扫码、称重、分拣功能"三合一"，并且具有避障和自动寻找充电桩功能，如图 5-3-4 所示。

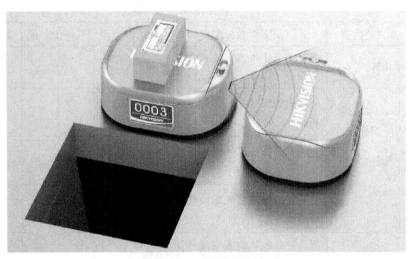

图 5-3-4　AGV 分拣机器人

AGV分拣机器人能连续大批量地分拣货物，在整个分拣过程中，AGV分拣作业可基本实现无人化。当某个环节的设备出现故障时，只需要将其卸下修理，其他部分可以继续作业。

二、AGV分拣机器人的优点

与交叉带式分拣机相比，AGV分拣机器人作为新型自动分拣技术，最高可实现15000件/小时的拣选效率，并且在系统灵活性、易扩展性等方面更具优势。具体表现如下。

（1）系统可拓展性强。交叉带式分拣机的格口是固定的，而AGV分拣机器人系统可根据业务增长的需要进行拓展。

（2）人工成本低。AGV分拣机器人系统的人员工位布置紧凑、人均效能高，相同处理效率下可比交叉带式分拣机系统节约用工约40%。同时，也能够解决快递行业暴力分拣问题，很好地保证包裹的安全。

（3）分拣差错小。AGV分拣机器人采用静态卸载，只要包裹面单信息正确，理论上分拣差错率为0。

（4）系统可靠性高。AGV分拣机器人系统由众多独立运行的AGV分拣机器人组成，不会因某台机器人故障而影响整个系统的运行效率。且系统支持远程升级及调试，相关技术人员可远程解决系统调度问题，所需时间也较短。

（5）节能环保。AGV分拣机器人系统较相同规模的交叉带式分拣机的实际消耗功率更低，且均由低功率直流可充电电池供电。绿色清洁能源的使用能够为企业级客户的提效降本做出贡献。

三、AGV分拣机器人的工作原理

所有AGV分拣机器人都会听从调度系统的指挥。机器人成功领到包裹后，会头顶包裹穿过配有工业相机和电子秤等外围设备的龙门架。借助相机读码功能和电子秤称重功能，系统识别快递面单信息，完成包裹的扫码和称重，并根据包裹目的地规划出机器人的最优运行路径，调度机器人进行包裹分拣投递。

每个投递口对应不同的目的地，下面有斜坡，包裹被机器人投递下去后会集中等待被运往下一站。

四、AGV分拣机器人的类型

按照载具的类型不同，AGV分拣机器人主要有翻板式（钢平台式）和移载式（包括皮带、辊筒等不同载具）两种类型，前者通常适用于10kg以下的包裹，后者可分拣包裹的重量更大。如表5-3-1所示。

表 5-3-1 AGV 分拣机器人的主要类型和处理能力

主要类型		分拣能力（件/台/小时）	载重量（kg）
翻板式（钢平台式）			≤10
移载式（钢平台式/落地式）	皮带	35~70	≤500
	辊筒		

在应用形式上，AGV 分拣机器人多种多样，常见的有钢平台式，即在钢平台上方完成包裹分拣，在钢平台下方收集包裹，或直接在地面进行分拣，将商品直接从一定高度分拣到笼车等包裹周转车中。

其中，翻板式 AGV 分拣机器人以申通"小黄人"、京东"小红人"为典型代表；移载式 AGV 分拣的应用项目也在不断落地，目前，Geek+、快仓、昆船、海康、牧星、井松等众多企业均已推出多种类型的 AGV 分拣产品。

> **课外阅读**
>
> 加快传统制造业技术迭代和质量升级，强化战略性新兴产业技术、质量、管理协同创新，培育壮大质量竞争型产业，推动制造业高端化、智能化、绿色化发展，大力发展服务型制造。

项目六　智能包装设备

　　包装是指为在流通过程中保护产品、方便储运、促进销售，而按一定的技术方法使用的容器、材料和辅助物等的总体名称；也指为达到上述目的，在采用容器、材料和辅助物的过程中施加一定技术方法等的操作活动。随着科学技术的发展，包装已成为促进销售、增强竞争力的重要手段。

　　在智能包装设备飞速发展的趋势下，通过信息技术与机械技术的深度融合，传统包装设备由机械化（半机械化）走向智能化。与此同时，包装设备也具有很高的柔性和灵活性，让生产线更适应产品本身的更新变化，也可以实施远程诊断并排除故障。首先，从高效这个层面讲，前后工序衔接紧密，能够减少搬运环节，整个生产线可以按照包装工序进行正确的启停机操作，充分满足交货期的需求，降低生产成本。其次，智能设备也要具有自动识别的功能，如利用视觉识别、动态反馈等技术实现物料位置的确定和机械手操作，减少人为操作失误。最后，在环保方面，尽量减少环境污染，包括噪声、粉尘污染，并减少废弃物。

　　本项目我们将一起学习仓储活动中包装技术及包装设备的相关知识。

任务一　认知仓储包装设备

任务目标

1. 了解打包常用的包装设备。
2. 理解半自动打包机的概念及特点。
3. 掌握半自动打包机的打包技术。
4. 能运用半自动打包机完成打包作业。
5. 树立环保意识以及可持续发展观念。

任务描述

　　包装在物流系统中具有十分重要的作用。包装是生产的终点，同时又是物流的起点，它在很大程度上制约着物流系统的运行状况。对产品按一定数量、形状、重量、尺寸等进行包装，并且按产品的性质选用适当的材料和容器，这不仅影响装卸搬运、堆码存放、计量清点的高效性，而且关系着运输工具和仓库的利用效率。因此，掌握并正确运用包装技术至关重要。

天星物流中心在帮客户完成出入库作业的同时也承接了货物包装业务。请同学们以打包员的身份，结合本节课所学知识，并借助互联网查阅资料，说明半自动打包机的操作方法并运用半自动打包机完成纸箱货物的打包作业。

 扫一扫

　　请同学们扫描右侧二维码，了解未来货物包装发展。

 任务实施

 扫一扫

　　请同学们扫描右侧二维码，观看视频，了解半自动打包机的使用。

半自动打包机的打包技术（以高台半自动打包机为例）

活动：请描述使用半自动打包机完成纸箱货物打包的具体操作步骤，完成表6-1-1的填写。

表6-1-1　　　　　　　　　　半自动打包机的打包步骤

序号	步骤	要求
1	通电	
2	预热	
3	出带	
4	捆扎	
5	退带和切带	
6	关机	

评价反馈

班级			姓名		学号			
任务名称		认知仓储包装设备						
序号	评价内容	评价考核标准	分值	自评	互评	师评	企评	得分
1	半自动打包机的打包步骤	能正确描述半自动打包机的打包步骤	60					
2	学习能力	具有主观能动性，能自主解决问题	10					
3	工作态度与工作规范	态度端正，无无故缺勤、迟到、早退现象	10					
4	工作效率与质量	能按要求完成工作任务	10					
5	团队合作	与小组成员分工协作、互相帮助	10					
总得分								

知识链接

半自动打包机

1. 半自动打包机概述

半自动打包机（见图6-1-1和图6-1-2）广泛用于食品、医药、五金、化工、服装、邮政等行业，适用于五金工具、汽车配件、日化用品、文体用品等货物的自动打包捆扎。

2. 半自动打包机的工作原理

（1）新型集成电路设计。用插入式电路板控制整个打包动作和烫头温度，电路板更换非常方便。

（2）瞬间加热，立即打包。半自动打包机首创速热系统热熔设计，5秒内可使加热片进入最佳打包状态。

（3）自动停机装置，省电实用。捆包动作完成后，60秒内不再操作时，马达会自动停止，进入待机状态。

（4）新型刹车设计。刹车采用特殊的弹簧设计，保证进带稳、无噪声。

图 6-1-1　高台半自动打包机

图 6-1-2　低台半自动打包机

课外阅读

党的二十大指出要加快发展方式绿色转型。推动经济社会发展绿色化、低碳化是实现高质量发展的关键环节。实施全面节约战略，推进各类资源节约集约利用，加快构建废弃物循环利用体系。倡导绿色消费，推动形成绿色低碳的生产方式和生活方式。

我们在发展现代物流时，一定要坚持节约资源和保护环境的基本国策，推进绿色发展，建设美丽中国。

任务二　认知智能包装设备

任务目标

1. 掌握全自动捆包机的概念、分类、特点。

2. 掌握全自动封箱机的概念、类型、特点。

3. 了解装箱机器人，码垛机器人和贴标机器人。

4. 能够阐述智能包装设备的工作原理。

5. 培养人工智能素养。

任务描述

　　智能包装设备对物流的影响是巨大的，在未来智能包装的趋势下，信息技术与机械技术的深度融合，会使得传统包装设备由机械化（半机械化）走向智能化。与此同时，包装设备也具有更高的柔性和灵活性，让生产线更适应产品本身的更新变化。

　　为了提高包装效率，降低人工成本，天星物流中心采购了几台智能包装设备。请同学们以打包员的身份，结合本节课所学知识，并借助互联网查阅资料，思考全自动捆包机、全自动封箱机以及打包机器人的工作原理，并能使用这些智能包装设备完成货物的打包作业。

一、全自动捆包机的工作原理

　　活动 1：图 6-2-1 是全自动捆包机，请同学们观察图片内容，思考全自动捆包机的工作原理，将空白处填写完全。

　　（1）打包物体基本处于打包机中间，首先_____上升，压紧带的_____，把带子收紧捆在物体上。

　　（2）随后_____上升，压紧_____带子的适当位置，加热片伸进两带子中间，_____上升，切断带子。

　　（3）最后把_____送到位，完成一个工作循环。

　　活动 2：全自动捆包机的工作流程为：带子送到位→收到捆扎信号→制动器放开→主电机启动。请同学们观察图 6-2-1，解析全自动捆包机的具体工作流程。

_____

_____

_____

_____

图 6-2-1　全自动捆包机

二、全自动封箱机的工作原理

活动3：图 6-2-2 是全自动封箱机，请同学们观察图片内容，思考全自动封箱机的工作原理，将空白处填写完全。

（1）开启电源，启动＿＿＿＿＿。

（2）待被封箱的箱体通过＿＿＿＿＿进入＿＿＿＿＿，到达上、下动力装置位置时，＿＿＿＿＿驱动＿＿＿＿＿通过＿＿＿＿＿封装纸箱。

（3）机芯上刀片自动切断＿＿＿＿＿，后压箱轮贴到箱子后面，完成整个＿＿＿＿＿过程。

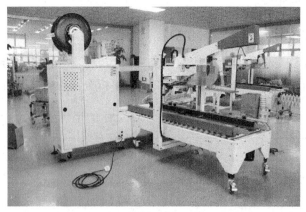

图 6-2-2　全自动封箱机工作场景

活动4：图 6-2-3 是全自动封箱机的工作流程，请同学们结合所学内容，标注封箱过程中对应的步骤。

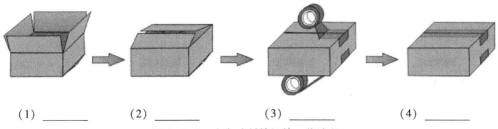

(1) _____　　(2) _____　　(3) _____　　(4) _____

图6-2-3　全自动封箱机的工作流程

三、自动打包机器人的工作原理

活动5：图6-2-4是自动打包机器人的工作场景，请同学们观察图片内容，思考自动打包机器人的工作原理，将空白处填写完全。

(1) 机器运行后，_____不断地检测薄膜标记（色标），同时机械部分的_____检测机械的位置。

(2) 上述两种信号送至_____，经程序运算后，由PLC（可编程逻辑控制器）的输出Y6（正追）、Y12（反追）控制追踪电机的_____，对包装材料在生产过程中出现的_____及时发现，同时准确给予补偿和纠正，避免了_____。

(3) 检测包装若在追踪预定次数后仍不能达到技术要求，可_____，避免废品的产生。

图6-2-4　自动打包机器人工作场景

 评价反馈

班级					姓名		学号		
任务名称			认知智能包装设备						
序号	评价内容	评价考核标准		分值	自评	互评	师评	企评	得分
1	全自动捆包机的工作原理	能阐述全自动捆包机的工作原理		10					
		能阐述全自动捆包机的工作流程		10					
2	全自动封箱机的工作原理	能阐述全自动封箱机的工作原理		10					
		能阐述全自动封箱机的工作流程		10					
3	自动打包机器人的工作原理	能辨析自动打包机器人的类型		10					
		能阐述自动打包机器人的工作原理		10					
4	学习能力	具有主观能动性，能自主解决问题		10					
5	工作态度与工作规范	态度端正，无无故缺勤、迟到、早退现象		10					
6	工作效率与质量	能按要求完成工作任务		10					
7	团队合作	与小组成员分工协作、互相帮助		10					
总得分									

知识链接

一、全自动捆包机

(一) 概念

全自动捆包机又称全自动打包机或全自动捆扎机,如图6-2-5所示,是用捆扎带捆扎包装件的机器。该机器能够在无人操作和辅助的情况下自动完成预定的全部捆扎工序,包括包装件的移动和转向,适用于大批量包装件的捆扎。

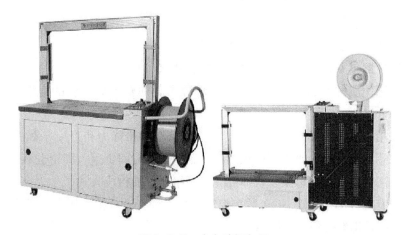

图6-2-5 全自动捆包机

(二) 分类

1. 按捆扎材料分类

(1) 塑料带打包机,适用于中、小重量包装箱的捆扎,所用塑料带主要是聚丙烯带,也有尼龙带、聚酯带等。

(2) 钢带全自动打包机,利用钢带作为捆扎材料,因钢带强度高,所以主要应用于重型、大型包装箱的捆扎。

(3) 手提式气动打包机,适用于冶金、建材等行业,可用各种PET(聚对苯二甲酸乙二酯)塑钢带,束紧、黏结、切断一次性完成,操作简便。

2. 按结构特点分类

(1) 基本型自动打包机,适用于各行业,其台面高度适合站立操作,多用于小包装件的捆扎,如纸箱、书刊等。

(2) 侧置式打包机,捆扎带的接头部分在包装件的侧面,台面较低,适用于大型或污染性较大的包装件的捆扎，若加防锈处理，可捆扎水产品、腌制品等；若加防尘措施，可捆扎粉尘较多的包装件。

（3）加压打包机，对于皮革、针棉织品等软性、弹性制品，需先加压压紧后再捆扎，这时就需要使用加压打包机。加压方式分气压和液压两种。

（4）开合轨道自动打包机，它的带子轨道框架可在水平或垂直方向上开合，便于各种圆筒状或环状包装件的放入，然后轨道闭合捆扎。

（5）水平轨道自动打包机，它的带子轨道为水平布置，对包装件进行水平方向捆扎，适用于托盘包装件的横向捆扎。

（三）特点

（1）掀盖式面板，维修保养方便。

（2）新型电热装置，加热快、寿命长。

（3）单芯片电控，功能齐全、操作容易。

（4）四种捆包方式能实现客户多样的捆包要求。

（5）采用优质材料的导带轮，有效地解决了普通塑料导带轮的磨损和 PP（聚丙烯）带的卡带问题。

（6）采用硬度为 65 的高强度刀片，大大提高了切带能力和刀片寿命。

（7）采用树脂脚轮，更方便机械的移动，即使长时间负重，脚轮也不会变形。

（8）采用铝合金材质框架，机体外壳采用组合式的构成方式。

（9）所有部件都采用了 NC（数字控制）加工设备进行精密加工，部件的耐固性和连接动作的一元化都得到良好保障。

二、全自动封箱机

（一）概念

全自动封箱机也叫胶带纸箱封口机（见图 6-2-6），其特点是经济、快速、容易调整，可一次完成上、下封箱动作，适用于纸箱的封箱包装，既可单机作业，也可与流水线配套使用。全自动封箱机可以利用印字胶带，提高产品形象，是自动化包装企业的首选。

（二）类型

1. 上下驱动两侧边封箱机

上下驱动两侧边封箱机如图 6-2-7 所示，其轻巧耐用，操作简单，无噪声；上下皮带驱动，纸箱驱动平稳，封箱效果好。上下驱动两侧边封箱机适用于侧边开口纸箱的封口，如饮料、地砖等的包装箱。它是标准规格产品，零配件可随时供应，广泛应用于家用电器、纺织、食品、医药、化工等行业。

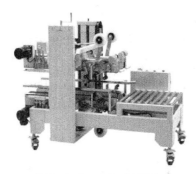

图 6-2-6 全自动封箱机

图 6-2-7 上下驱动两侧边封箱机

2. 左右驱动半自动封箱机

左右驱动半自动封箱机如图 6-2-8 所示,根据纸箱规格,可以手工调节宽度及高度,简单、快捷、方便,同时两侧皮带驱动,上下封箱,经济、快速、平稳。使用 BOPP(双向拉伸聚丙烯薄膜)即胶粘带(也叫封箱胶带)对纸箱进行封箱,可上、下两面同时封箱,包装速度快、效率高、美观大方。

左右驱动半自动封箱机广泛应用于食品、医药、烟草、汽车、电子产品、家用电器、纺织、化工等行业。

图 6-2-8 左右驱动半自动封箱机

3. 全自动工字形封箱机

全自动工字形封箱机如图6-2-9所示，它可以自动完成纸箱的上、下封口，及四边角封箱。工作效率快，自动化程度高，整个工作一气呵成，不需要人工配合。全自动工字形封箱机轻巧耐用，操作简单，适用于各种规格的封箱或较重纸箱的"工字形"胶带封箱。

图6-2-9　全自动工字形封箱机

4. 半自动折盖封箱机

半自动折盖封箱机如图6-2-10所示，用于一定规格纸箱的上侧左右箱盖自动折合、快速平压并随即用自粘性胶带封合上侧纸箱的封口。采用侧面皮带驱动、除了人工完成纸箱后盖的推入，其余操作，如上箱盖的自动折合和胶带封箱，均可实现自动化，省工省力，大大提高了封箱作业效率。另外，不同大小的纸箱调整方法简单，纸箱适用范围广。

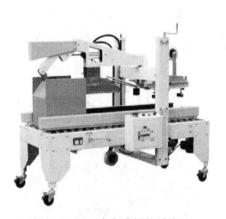

图6-2-10　半自动折盖封箱机

（三）特点

（1）全自动封箱机不仅可以大大节省操作人员的劳动强度，还可以为操作人员完成其他设备的操作节省更多的时间和精力，同时监控并解决突发问题。

（2）全自动封箱机带有无胶带报警设计和开门自动停机装置，确保检修安全。

（3）全自动封箱机的皮带设计抓力更好。环扣式的衔接设计，不会有脱胶断裂的状况发生，改换皮带十分方便。

（4）采用大型传动轮设计，加大弯曲弧度，增加皮带接触面积，皮带不会打滑，且使用寿命增加。

三、装箱机器人

装箱机器人是指通过末端执行器对装箱产品采用抓取或吸取方式，将产品送到指定的包装箱或托盘中的机器人。

装箱机器人通过输送线，进行理货、转向排序、加速缓冲，按照预先设定的程序自动将货物装入纸箱，再由自动封箱机实施纸箱封装，最后由输送线输出。

装箱机器人整机结构设计模块化，与开、封箱机可实现无缝对接，占用空间小，主要由视觉系统、整理系统、并联机器人、纸箱输送线等组成。装箱机器人的视觉系统在高速生产线上执行各种高度精细的任务，通过电脑做出处理方案，准确无误地完成抓取和分拣动作。

装箱机器人适用于柔性化包装分拣系统，大大缩短了产品生产周期，具有很高的精度，无论是在固定位置操作，还是在运动过程中操作，拾、放精度均为一流，占地面积小，性能可靠，操作简便。

装箱机器人可配套使用包装软件，机械方面集成简单，编程更加方便，能够承担较大的负重，速度和质量远远高于人工。

四、码垛机器人

码垛机器人，主要用于托盘物品的码垛和拆垛，具有抓放精度高、动作响应快的特点，能够使前道来料和后道码垛柔性衔接，大幅缩短包装时间。

码垛机器人具备以下优势。

（1）操作范围大，安全性能好，码垛的效果非常好。

（2）在敞开式环境中操作，其具有独立的连杆机构，而且使用的是直线输送轨迹，所以非常平稳，传动的效率也很高。

（3）采用直线导轨，输送机也是皮带型的标准件，如果损坏，采购和更换很方便。

（4）有很多规格的产品，从低速到高速，选择范围非常广泛。

（5）大多数零件都在底部，手臂灵活，电量消耗慢，既节能又环保。即使在高速运行的环境下，可靠性也非常高。

（6）种类多样，规格齐全，适用于多种环境下作业，适用范围广泛。

码垛机器人不仅提高了包装的工作效率，其简单的操作方式、方便的后期维护保养，也同样提高了企业的办事效率，降低了企业的生产成本和人工成本。

五、贴标机器人

贴标机器人运用视觉技术，追踪定位输送线上产品位置的同时，自动为产品精准贴上标签。

自动贴标机器人代替人工，完成自动扫码、标签打印、吸标、贴标等工序，可同时贴 1～2 种标签，设定多种方案。采用先进的视觉引导定位技术，定位精度达0.2mm，纠正偏差角度 0.2 度。视觉系统可与 ERP 和 MES（制造执行系统）无缝交互，贴标后能够对贴标的质量进行拍照复检，同时具有异常报警功能。

贴标机器人适用于家用电器、汽车配件、通信设备、卫浴等多种行业，其优势如下。

（1）减少贴标失误，实现效率提升。

（2）操作人员只需将被贴物放在输送线上，新人也可以立即上手。

（3）支持多产品线同时贴标。

（4）紧凑型设计，适于多种应用环境。

（5）节省人工，节省成本。

课外阅读

人工智能素养代表的是一种公民适应智能社会的基本能力，即个体适应人工智能时代工作、学习和生活所需的能力。

近年来，人工智能已经进入人们生活的各个方面，使人们的生产生活方式更加便捷。与此同时，由于智能机器承担了大部分生产工作，人与人之间、人与机器之间的竞争压力日益增大。要想保证个体在人工智能时代依然具有不可替代的核心竞争力，提高人工智能素养成为关键。

参考文献

［1］罗戈研究院．物流机器人报告［R/OL］．（2018-08-08）［2021-12-25］．http：//www.log-research.com/579.html.

［2］邹霞．智能物流设施与设备［M］．北京：电子工业出版社，2020.

［3］蒋亮．物流设施与设备［M］．2版．北京：清华大学出版社，2018.

［4］王猛，魏学将，张庆英．智慧物流装备与应用［M］．北京：机械工业出版社，2021.

［5］魏学将，王猛，张庆英．智慧物流概论［M］．北京：机械工业出版社，2020.

扫码获取
● 配套参考答案